改訂版
分野別カタカナ語彙トレーニング

中上級

島野節子
世良明美
辻野裕子
妻形ひさゐ
永見洋子
山岡園枝

著

スリーエーネットワーク

© 2010 by SHIMANO Setsuko, SERA Akemi, TSUJINO Hiroko, TSUMAGATA Hisai, NAGAMI Yoko and YAMAOKA Sonoe

All rights reserved. No part of this publication may be reproduced, stored in a retrieval system, or transmitted in any form or by any means, electronic, mechanical, photocopying, recording, or otherwise, without the prior written permission of the Publisher.

Published by 3A Corporation.
Trusty Kojimachi Bldg., 2F, 4, Kojimachi 3-Chome, Chiyoda-ku, Tokyo 102-0083, Japan

ISBN978-4-88319-792-7 C0081

First published 2010
Revised Edition 2019
Printed in Japan

はじめに

　カタカナ語の多くは、英語をはじめとする諸外国から日本に入ってきた言葉ですが、元の言語の発音（表記）、意味範囲、用法などとは違った独自の使われ方をすることも多く、また、中には、いわゆる和製英語のように日本で作られたものもあります。これらの言葉は、今や日本語の中で、重要な一角を占めるようになっており、多くの日本語学習者が目標とする日本語能力試験、日本留学試験にもカタカナ語を含んだ出題が増えています。

　本書は、カタカナ語の学習は難しい、と言う日本語の初級レベルを終えた学習者になんとか覚えてもらいたいという思いの中で、繰り返し練習できるワークブックとして作られました。例文をよく覚え、異なる練習問題［ステップⅠ、ステップⅡ、まとめ問題A・B、総合問題］を繰り返し解くことで、定着を図れるように工夫されていますので、日本語能力試験、日本留学試験に対応でき、また、日常生活の中でも語彙を増やせます。

　学習するカタカナ語彙は中級及び上級のテキスト・問題集、最近の新聞記事などから選び、基本的な意味、よく使われる意味に絞って取り上げました。また、学習者の便宜を考えて、分野に分けました。分野に分けることで、学習者が必要性の高いところから学習できるように配慮しています。

　初版を出版してからITの急速な普及にともなって、カタカナ語の語彙は増え続けています。今回、全体を見直し、ITと環境で1課を作り、全22課から全23課へ、語彙も約400語から約550語へと、今の時代により合ったワークブックを目指しました。

　本書で勉強した学習者の皆さんが日本語の能力を高め、それぞれの目的を達成することを切に願っています。

2019年5月　著者一同

お使いになる方へ

　本書は、「見出し語と例文」、「問題」、「まとめ問題」、「総合問題」、付録のページから構成されています。
　分野ごとに23課に分かれていますので、必要な分野、興味のある分野の課から学習することができます。

1. 見出し語と例文

- 見出し語：課（分野）ごとに、取り上げた語を五十音順に提出しています。
- 結び付く言葉：各見出し語と結び付いてよく使われる言葉を（〜する）（〜がいい）のように示しています。
- 翻訳：この本で取り上げる基本的な意味を、英語、中国語、韓国語、ベトナム語で示しています。実際の使い方は例文で確認してください。
- 例文：分かりやすく基本的な例文を挙げていますので、意味と使い方を確認してください。
- 関／反：見出し語に関連するカタカナ語彙を関、見出し語と反対の意味のカタカナ語彙を反で示しています。
- 1つの見出し語に意味が複数ある場合は①、②のように分けています。
- 参考：余裕がある学習者・クラス向けの参考語彙です。自習用としてもよいでしょう。

2. 問題

　各課にステップⅠ、ステップⅡの2段階の問題があります。

ステップⅠ

- 4つ〜7つの見出し語ごとに、意味や使い方が理解できているかを確かめるための問題です。
- ［　　　　］の中から最も適当な語を選んで＿＿＿＿に入れます。
- 問題文は、原則的にその課の分野に合った内容になっています。
- 選択肢の上の数字（例：1〜5）は、その課の見出し語の番号と対応していますので、意味や使い方を確認したいときは該当する見出し語と例文のページを参照してください。

ステップⅡ
・「ステップⅠ」と同じ形式ですが、選択肢の数が多くなります。
・問題文の内容は、その課の分野以外のものも含まれています。

3. まとめ問題
まとめ問題A
・4つの選択肢から適切な語を選ぶ形式の問題です。
まとめ問題B
・まとまった文章の中で、カタカナ語彙を使う練習をする問題です。形式はステップⅠと同じです。

4. 総合問題
・出題範囲は、本書のすべての見出し語です。形式はステップⅠと同じです。
・問題文の中に、見出し語に提出している別のカタカナ語彙が含まれているものもあります。

5. 付録
・「色」「人に関する言葉」のカタカナ語彙を、英語、中国語、韓国語、ベトナム語の訳とともに掲載しています。

なお、カタカナ語彙の表記は『現代用語の基礎知識　カタカナ外来語略語辞典　第5版』（自由国民社）及び『広辞苑　第7版』（岩波書店）を参考にしています。また、漢字にはすべて振り仮名を付け、読みの負担を軽くしています。

目次

はじめに …………………………………………………………………… 3
お使いになる方へ ………………………………………………………… 4

1課 ｜ 食 ………………………………………………………………… 8
2課 ｜ 衣 ………………………………………………………………… 12
3課 ｜ 住 ………………………………………………………………… 16
　●1課・2課・3課　まとめ問題A・B ……………………… 20・21
4課 ｜ 買い物 …………………………………………………………… 22
5課 ｜ 交通 ……………………………………………………………… 27
6課 ｜ 旅行 ……………………………………………………………… 31
　●4課・5課・6課　まとめ問題A・B ……………………… 35・36
7課 ｜ スポーツ ………………………………………………………… 38
8課 ｜ 音楽 ……………………………………………………………… 46
9課 ｜ 趣味・娯楽 ……………………………………………………… 50
　●7課・8課・9課　まとめ問題A・B ……………………… 54・55
10課 ｜ 職業 ……………………………………………………………… 57
11課 ｜ 医療・健康 ……………………………………………………… 61
　●10課・11課　まとめ問題A・B ………………………… 67・68
12課 ｜ 情報 ……………………………………………………………… 70
13課 ｜ 技術・機械 ……………………………………………………… 78
　●12課・13課　まとめ問題A・B ………………………… 83・84

14課	性格・感情	86
15課	対人関係	91
●14課・15課 まとめ問題A・B		99・100
16課	政治・経済・社会	101
●16課 まとめ問題A・B		109・110
17課	ビジネス	111
●17課 まとめ問題A・B		119・120
18課	入学・卒業・就職	121
19課	論文・討論・研究活動	125
●18課・19課 まとめ問題A・B		129・130
20課	授業・テスト	131
21課	課外活動・学生生活	139
●20課・21課 まとめ問題A・B		143・144
22課	IT・環境	145
●22課 まとめ問題A・B		153・154
23課	その他	155
●23課 まとめ問題A・B		167・168

総合問題 ………………………………………………………………… 169

付録 ……………………………………………………………………… 174

索引 ……………………………………………………………………… 175

1課 食

1 インスタント

instant　速溶、即席　인스턴트　ăn liền, (cà phê) hòa tan

・私は忙しい朝は、インスタントコーヒーを飲む。

2 オーダー（〜する）

order　订、定做　오더, 주문[오더하다, 주문하다]
sự gọi món, sự đặt hàng [gọi món, đặt hàng]

・レストランでアルバイトしたとき、客のオーダーがなかなか覚えられなかった。
・自分の足に合わせて、デパートで靴をオーダーした。

3 ストック（〜する）

stock　库存、储备　저장[저장하다]　kho hàng, hàng dự trữ [dự trữ]

・トイレットペーパーのストックがなくなったので、買いに行った。
・災害用に東京都は、1週間分の食料をストックしている。

4 パック

① （〜する）

pack, carton [pack]　容器、包装　팩, 포장[포장하다]　gói [đóng gói]

・スーパーの安売りのときは、卵1パック100円くらいで買える。
・一人暮らしなので、少量ずつパックされたおかずをよく買っている。

②

package tour　旅行社全部包办的旅行　패키지 여행　tour du lịch trọn gói

・パックの海外旅行なら、自分で計画を立てなくていいから気楽だ。

5 ファーストフード

fast food　快餐食品　패스트푸드　đồ ăn nhanh

・仕事が忙しいと、つい昼食をファーストフードで済ませてしまう。

反 スローフード　slow food　慢餐食品　슬로우푸드　đồ ăn chậm

6 ファミリーレストラン

family restaurant　休闲餐厅　패밀리 레스토랑　nhà hàng dành cho gia đình

・子供連れの外食には、ファミリーレストランをよく利用する。

7 フレッシュ（〜な）

fresh　新鮮　프레시하다, 신선하다　tươi

・あの店は季節の果物で作るフレッシュジュースが評判だ。
・あの八百屋はフレッシュな野菜を売っているので、よく買いに行く。

8 ホット

①

hot　热　핫, 뜨겁다　nóng

・どんな暑いときでも、コーヒーはホットのほうが好きだ。

②（〜な）

hot　最新　최신이다　nóng

・インターネットは新聞やテレビよりもホットな情報が手に入る。

9 レシピ

recipe　烹饪方法　레시피　công thức nấu ăn

・韓国家庭料理のレシピを友人にもらい、自分で作ってみた。

10 レトルト

retort pouch　蒸煮袋（食品）　레토르트　(thực phẩm) chế biến sẵn đóng gói

・お湯で温めて食べられるレトルト食品は、非常用食品にもなる。

参考

| カフェ | coffee shop | 咖啡店 | 카페 | quán cà phê |

| グルメ | gourmet | 美食家 | 구르메（미식가） | người sành ăn |

| スイーツ | sweets | 甜点 | 단것 | đồ ngọt |

| ヘルシー（〜な） | healthy, healthful | 健康、有益于健康 | 헬시, 건강하다 | tốt cho sức khỏe |

問題 ステップⅠ

1 ～ 5

| インスタント　　オーダー　　ストック　　パック　　パック　　ファーストフード |

1. 今晩、友達とすき焼きをするので、牛肉を3_____買った。
2. お湯を入れるだけの_____のみそ汁もけっこうおいしいですよ。
3. 来月からしょう油が値上がりするので、2本買って_____してある。
4. _____の旅行なら、自分で飛行機やホテルの予約をしなくていいので楽だ。
5. 客の_____を間違えて、店長にしかられた。
6. 時間がなかったので、昼食は駅前の_____の店で食べた。

6 ～ 10

| ファミリーレストラン　　フレッシュ　　ホット　　ホット　　レシピ　　レトルト |

1. 今日は外食しないで、家で_____のカレーを温めて食べよう。
2. この番組では芸能人の_____な話題を取り上げていて、面白い。
3. 料理の作り方が分からないときは、いつもインターネットで_____を調べる。
4. この店では_____な果物を使ったアイスクリームが人気だ。
5. 彼は毎朝、あの喫茶店で_____コーヒーを飲む。
6. 日曜日の_____は、家族連れでにぎわっている。

問題 ステップⅡ

```
インスタント    オーダー    ストック    パック    パック    ファーストフード
ファミリーレストラン    フレッシュ    ホット    ホット    レシピ    レトルト
```

1. 今年の春から社会人になり、新生活を＿＿＿＿＿＿＿＿＿＿な気持ちで始める。
2. 駅などにある「立ち食いそば」は、日本の＿＿＿＿＿＿＿＿＿＿と言えるだろう。
3. この間行った＿＿＿＿＿＿＿＿＿＿の旅行はホテルも食事もよかった。
4. 店で一番よく売れるお菓子の＿＿＿＿＿＿＿＿＿＿がなくなり、慌てて発注した。
5. ＿＿＿＿＿＿＿＿＿＿食品は温めるだけで食べられるし、長期間保存もできる。
6. うちのテーブルに合ういすを、家具屋に＿＿＿＿＿＿＿＿＿＿した。
7. この飲み物は＿＿＿＿＿＿＿＿＿＿でも、おいしく飲めます。
8. 忙しくて食事が作れないとき、＿＿＿＿＿＿＿＿＿＿ラーメンがあると助かる。
9. 私はテレビで見た料理の＿＿＿＿＿＿＿＿＿＿をノートにメモしておきます。
10. わが家は子供が3人いるので、1日2＿＿＿＿＿＿＿＿＿＿の牛乳では足りない。
11. 今、野球界で一番＿＿＿＿＿＿＿＿＿＿な話題は、松田監督の解任問題だ。
12. ＿＿＿＿＿＿＿＿＿＿は店内も広いし、値段も手ごろなので、子供連れの客が多い。

2課 衣

1 アクセサリー
accessory　首饰　액세서리　đồ trang sức
・アクセサリーの通信販売で、かわいい指輪を買った。

2 カジュアル（〜な）
casual　轻便　캐쥬얼하다　bình thường, thường ngày
・就職試験の面接には、カジュアルな服装は避けたほうがいい。

反 フォーマル（〜な）　formal　正式　포멀하다, 공식적이다　nghiêm túc, trang nghiêm

3 ジーンズ
jeans　牛仔服　청바지　đồ bò, đồ gin
・アメリカで生まれたジーンズは男女を問わず、はかれている。

4 ショート
short　短　숏, 짧다　ngắn
・今日はあまり寒くないので、ショート丈のコートでも大丈夫だろう。

反 ロング　long　长　롱, 길다　dài

5 シンプル（〜な）
simple　简单、朴素　심플하다　đơn giản
・私は服も靴もあまり飾りのないシンプルなものが好きだ。

6 スタイル
① （〜がいい　〜が悪い）　figure, looks　体形、身材　스타일　thân hình, dáng vóc
・彼女はスタイルがいいので、どんな服もよく似合う。

② style　样式　스타일　phong cách
・新社長になって利益を追求するだけでなく、環境を配慮した経営スタイルに変わった。

7 スリム （〜な）

slim, slender　瘦长、苗条　슬림하다, 날씬하다　mảnh mai

・彼は昔からスリムな体型で、太ったことがない。

8 センス （〜がいい　〜が悪い）

sense, taste　审美能力　센스　sự cảm nhận

・彼女はセンスがいいので、同じ服を着ても私より素敵に見える。

9 ファッション

fashion　时装　패션　thời trang

・若者のファッションは雑誌の影響を大きく受けている。

10 ブランド

brand　名牌儿　브랜드, 명품　thương hiệu

・おしゃれな靴だと思ったら、イタリアの有名ブランドのものだった。

11 ミニ

① miniskirt　超短裙　미니스커트　váy ngắn

・寒い日でも、ミニをはいている若い女性をよく見かける。

反 ロングスカート　long skirt　长裙　롱 스커트　váy dài

② miniature　小、小型　작다, 소형이다　cỡ nhỏ

・この電車の模型は50分の1のミニサイズになっている。

参考　アウター　outerwear　外衣　아우터, 겉옷　áo khoác ngoài

インナー　innerwear　内衣　이너웨어, 속옷　áo mặc trong

ウォッシャブル　washable　可水洗（的衣物等）　워셔블（물세탁 가능）　có thể giặt được

問題 ステップⅠ

1～6

> アクセサリー　カジュアル　ジーンズ　ショート
> シンプル　スタイル　スタイル

1. 彼は背が高く、足も長くて、とても＿＿＿＿＿＿＿＿がいい。
2. 若い人の間では、シャツの上に＿＿＿＿＿＿＿＿丈のセーターを着るのがはやっている。
3. ＿＿＿＿＿＿＿＿な服しか持っていないので、就職活動のためにスーツを買おう。
4. 飾りのない＿＿＿＿＿＿＿＿なスーツを1着持っているといいですよ。
5. ＿＿＿＿＿＿＿＿は何回洗っても丈夫なので、普段よくはいている。
6. T社はお客様を第一に考えるという経営＿＿＿＿＿＿＿＿を守っている。
7. おしゃれな人は、服に合った＿＿＿＿＿＿＿＿を上手に選ぶ。

7～11

> スリム　センス　ファッション　ブランド　ミニ　ミニ

1. 彼はいつもスーツとネクタイの色がよく合っていて、＿＿＿＿＿＿＿＿がいい。
2. 彼女は＿＿＿＿＿＿＿＿な体型を保つために、食生活に気を付けているそうだ。
3. 最近、若い男性向けの＿＿＿＿＿＿＿＿誌がよく売れているそうだ。
4. この交通公園では、子供達は＿＿＿＿＿＿＿＿蒸気機関車に乗ることができる。
5. 銀座には世界の高級＿＿＿＿＿＿＿＿の店が並んでいる。
6. 最近の女子中高生の制服は＿＿＿＿＿＿＿＿が多い。

問題 ステップⅡ

```
アクセサリー   カジュアル   ジーンズ   ショート   シンプル   スタイル
スタイル   スリム   センス   ファッション   ブランド   ミニ
```

1. 若者の_____がよくなっているのは、食生活の影響が大きいそうだ。
2. 文字が大きくて、_____な機能の携帯電話を祖母に贈った。
3. 息子は最近、_____に興味を持ち始めて、服や靴などを自分で選ぶようになった。
4. 結婚して子供が生まれ、生活_____が大きく変わった。
5. A病院は月に1度、有名な音楽家を招き、_____コンサートを開いている。
6. 彼女は真珠が好きなようで、いつも真珠の_____を身に付けている。
7. B社の製品に欠陥が見つかり、会社の_____力を落としてしまった。
8. 長い髪もよかったけれど、_____も似合いますね。
9. 動きやすく丈夫な_____は、若者だけでなく中高年にも人気がある。
10. 彼がそろえたカーテン、テーブル、いすなど、どれも彼の_____のよさを表している。
11. 結婚のあいさつで相手の家に行くときは、_____な服は避けたほうがいい。
12. もっと_____になりたくて、テニスと水泳を始めた。

3課 住

1 コード
cord　电线　코드　dây điện
・電気製品のコードは、邪魔にならないようにまとめておく。
　関 コードレス　cordless　不用电线　코드리스, 무선　không dây

2 コンセント
(wall) socket, outlet　插座　콘센트　ổ cắm
・携帯電話の充電をしたいので、このコンセントを使ってもいいですか。

3 スイッチ（～を入れる　～を押す）
switch　开关　스위치　công tắc
・部屋に入ったら右側のスイッチを押して、電気をつけてください。

4 スペース
space　空地、空间　스페이스, 공간　không gian
・花を植えたいけれど、庭が狭くて植えるスペースがない。

5 セキュリティー
security　安全保障设施　시큐리티, 방범시설　an ninh
・最近、犯罪が増えたので、セキュリティーのいいマンションを買いたい。

6 センサー
sensor　传感器　센서　bộ phận cảm biến
・ガス漏れがあると、センサーが感知して、音で知らせてくれる。

7 ソファ
sofa　沙发　소파　ghế sô pha
・ホテルのロビーのソファに座って、友達を待った。

8 バリアフリー

barrier-free　无障碍（设施、设备）
배리어프리（장애자나 고령자의 생활에 지장이 없도록 만드는 것）　loại bỏ trở ngại
・高齢者向けに段差のないバリアフリー住宅が必要だ。

9 プラグ（～を差し込む　～を抜く）

plug　插销　플러그　phích cắm
・電気製品を使わないときは、プラグを抜いたほうが節電になる。

10 リビング（ルーム）

living room　客厅　리빙（룸）, 거실　phòng khách
・昨日、リビングに家族が集まって、みんなで祖父の誕生祝いをした。

11 リフォーム（～する）

remodeling, alteration [remodel, alter]　重新装修、翻新　리폼[리폼하다]
sự tu sửa lại nhà cửa [tu sửa lại nhà cửa]
・家が古くなったので、台所とトイレのリフォームを考えている。
・母の服をリフォームして、バッグにした。

12 リモコン

remote control　遥控器　리모콘　cái điều khiển
・テレビもエアコンも、リモコンでつけたり消したりできるので便利だ。

参考　インターホン　intercom　门铃对讲机　인터폰　chuông cửa đàm thoại

インテリア　interior design　室内装潢　인테리어　nội thất

オートロック　automatic door lock　自动锁　오토락, 자동 잠금장치　khoá tự động

問題 ステップI

1〜6

> コード　コンセント　スイッチ　スペース　セキュリティー　センサー

1. 掃除機の_____が短くて、部屋の隅まで届かない。
2. 私の部屋は狭くて、大きな家具を置く_____がない。
3. このエアコンは_____が部屋の温度を感知して、温度調節をする。
4. この炊飯器は_____を入れてから、約40分でご飯が炊けます。
5. 電気器具がたくさんあるのに、部屋に_____が一つしかなくて、不便だ。
6. この高級マンションはあちこちに防犯カメラが付いていて、_____がいいので安心だ。

7〜12

> ソファ　バリアフリー　プラグ　リビング　リフォーム　リモコン

1. 何か面白い番組、やってないかな。そこの_____を取ってくれる？
2. 風呂場の段差をなくして_____にしたい。
3. 暗かった台所が_____して明るくなった。
4. 夕食後、家族で_____に集まって、映画を見た。
5. ご使用の際は、安全のために_____を確実に差し込んでください。
6. この_____なら、大人が3人ゆったりと座れます。

問題 ステップⅡ

```
コード    コンセント    スイッチ    スペース    セキュリティー    センサー
ソファ    バリアフリー    プラグ    リビング    リフォーム    リモコン
```

1. 新しい家は＿＿＿＿＿＿＿＿＿＿を広くしたので、その分、他の部屋は狭くなった。
2. 私は寒い夜は早めに電気毛布の＿＿＿＿＿＿＿＿＿＿を入れておく。
3. 濡れた手で＿＿＿＿＿＿＿＿＿＿に触ると感電する恐れがあります。
4. 公共施設の＿＿＿＿＿＿＿＿＿＿化が進み、ほとんどの駅にエレベーターが設置されるようになった。
5. このカレンダーは写真が大きくて、予定を書く＿＿＿＿＿＿＿＿＿＿がない。
6. 台所からでも、＿＿＿＿＿＿＿＿＿＿の操作で風呂を沸かせるので便利だ。
7. この服は、古い着物を＿＿＿＿＿＿＿＿＿＿したものです。
8. うちの玄関は人が通ると＿＿＿＿＿＿＿＿＿＿が働いて、電気がつく。
9. この＿＿＿＿＿＿＿＿＿＿は、ベッドとしても使えます。
10. 電気製品の＿＿＿＿＿＿＿＿＿＿の形が違うと、海外では使えない。
11. ＿＿＿＿＿＿＿＿＿＿が何本もあって、どれがコンピューターのか分からない。
12. ネット社会では、パソコンを安全に使うために、＿＿＿＿＿＿＿＿＿＿を万全にしないといけない。

1課・2課・3課　まとめ問題A

1. この靴は今日のあなたの（　ジーンズ　センス　カジュアル　スタイル　）な服装には合いません。
2. 彼女は料理人仲間と考えた（　レトルト　レシピ　ホット　プラグ　）を、インターネットで公開する事業を起こした。
3. 子供が大きくなったら、ここを（　リモコン　リフォーム　レトルト　リビング　）して二部屋にするつもりだ。
4. 今朝の新聞は選挙について、大きな（　ニュース　スペース　コード　プラグ　）を割いて報道している。
5. 地震に備えて、わが家では3日分の食料を（　スタイル　ストック　ホット　インスタント　）している。
6. 彼はいつも銀座の有名店に（　オーダー　ソファ　センサー　コード　）したスーツを着ている。
7. わが家は（　テーブル　ファッション　カーテン　バリアフリー　）ではないので、足を骨折したときは大変だった。
8. 昨日の彼女は黒い（　シンプル　スーツ　ズボン　センス　）な服に真珠がよく似合って、とても美しかった。
9. 高級車は盗まれやすいので、様々な（　インスタント　プレゼント　コンセント　セキュリティー　）装置が付いている。
10. 新人のころの（　ファーストフード　ファッション　フィルム　フレッシュ　）な気持ちを、もう一度思い出したい。
11. 言葉の通じない海外へは、（　リビング　フロント　パック　ブランド　）旅行で行くのが安心だ。
12. 新しく買ったズボンは（　スリム　スイッチ　センス　ガラス　）で、体にぴたっとしていて動きやすい。
13. （　ファイル　ハンカチ　ミニ　アクセサリー　）の選び方で服の印象がずいぶん変わる。
14. あの女優は役作りのために長い髪を切って（　スタイル　ショート　センス　ブランド　）にした。

1課・2課・3課　まとめ問題B

1. 今日は休日なので、朝寝坊した。10時ごろ、パンとa_____コーヒーで朝食を済ませた。洗濯、掃除をして、テレビを見ていたが、1時ごろになって、おなかがすいてきた。冷蔵庫の中には何もないし、ビールのb_____もないので、スーパーへ買い物に行くことにした。スーパーでビールと卵を1 c_____、他にもいくつか食品を買った。買い物のついでに昼食をとろうと思って、近くのd_____に入った。さすがに日曜日だけあって、家族連れでにぎわっていた。ここはe_____な服装の人ばかりなので、Tシャツとf_____でも入りやすい。アルバイトなのか、高校生ぐらいの女の子がg_____を取って回っていた。昼ご飯は外食で済ませたが、晩ご飯は家で何か作ろうと思っていた。しかし、h_____を見ながら料理するのが面倒になって、結局温めるだけでいいi_____のカレーにした。

   ┌─────────────────────────────────────┐
   │　インスタント　　オーダー　　カジュアル　　ジーンズ　　ストック　│
   │　パック　　ファミリーレストラン　　レシピ　　レトルト　　　　　│
   └─────────────────────────────────────┘

2. 家が古くなり、a_____するか、建て直すかしなければならない。夫と住宅展示場へ見学に行くことにした。土曜日、郊外にある展示場へ車で出かけた。天気もいいし、展示場は緑の多い所にあるので、外で昼ご飯を食べることにした。通り道にあるb_____の店で、ハンバーガーとc_____コーヒーを買って、展示場の近くの大きな公園でお昼にした。住宅展示場は広いd_____の中に何軒もの家が建っていた。どの住宅もe_____になっているので、年を取ってからも安心して住めそうだ。それに、防犯のためのf_____対策がよく、夜、家の周囲を人がうろうろするとg_____が働いて、明かりがつくようにもなっている。私達二人が気に入った家は、あまり飾りがないh_____な外観のものだった。広々としたi_____にあるj_____に腰かけていると、何だか自分の家にいるようで、ほっとした。

   ┌─────────────────────────────────────┐
   │　シンプル　　スペース　　セキュリティー　　センサー　　ソファ　│
   │　バリアフリー　　ファーストフード　　ホット　　リビング　　リフォーム　│
   └─────────────────────────────────────┘

4課　買い物

1 オープン

① （～する）　open　开张　오픈［오픈하다］　mở cửa, khai trương

・このデパートは年内にオープンの予定です。
・構内に新しい学生食堂がオープンして、メニューも豊富になった。

② （～な）

open, frank　开放、公开　개방적이다, 솔직하고 숨김이 없다　rộng rãi, cởi mở

・小林さんはオープンな性格で話しやすく、みんなに好かれている。

2 クレーム（～を付ける）

complaint, objection　索赔　클레임　sự phàn nàn

・テーブルを買って届けてもらったら、傷が付いていたので店にクレームを付けた。

3 コーナー

corner, department　柜台、专柜　코너　góc, khu vực bán

・デパートの鮮魚コーナーで、夕食の刺し身を買った。

4 サービス

① （～する）

no charge, discount [give away for nothing, give a discount]　廉价出售、免费赠送
서비스［서비스하다］　đồ khuyến mại [khuyến mại]

・今なら二袋買うと、もう一袋サービスでもらえます。
・1時以降にご来店の方には、コーヒーを1杯サービスします。

② （～がいい　～が悪い）　service　服务　서비스　dịch vụ

・あの店は味はいいが、店員のサービスが悪いのであまり行かない。

関　アフターサービス　after-sales service　售后服务、保修　애프터서비스　dịch vụ hậu mãi

関　セルフサービス　self-service　自我服务式（商店、食堂）　셀프서비스　sự tự phục vụ

③　service　服务行业　서비스　dịch vụ

・保険、建設、外食産業などの会社が介護サービス業を始めた。

5 サンプル

sample　試用品、様品　샘플　hàng mẫu

・駅前で、新しい健康食品のサンプルを配っていた。

6 セール

(bargain) sale　廉売、大減価　세일　chương trình giảm giá

・冬のセールで値段が下がったので、コートを買った。

関　セールスマン　salesperson, sales representative　推销员　세일즈맨
　　　　　　　　nhân viên kinh doanh

7 セット

① set　組、套　세트　bộ

・この商品は3点セットですので、一つだけはお売りできません。

② (～する)

set　上（闹钟）、放上、安上　기계 등의 설정 [맞추다, 설정하다]　đặt, thiết lập

・入学試験に遅れないように、目覚まし時計をセットした。

8 ディスカウント (～する)

discount [give a discount]　廉价、折扣　디스카운트, 할인 [디스카운트하다, 할인하다]　sự giảm giá, sự chiết khấu [giảm giá, chiết khấu]

・ディスカウント店が増えて、食料品や日用品が安く買えるようになった。

・当店は明日から3日間、暖房器具を20％ディスカウントいたします。

9 トータル

① (～する) total　総計　토털 [전부 합하다]　tổng cộng

・シャツを2枚と靴を1足買って、トータル7,000円だった。

・スーツとシャツとバッグの値段をトータルすると、30,000円だった。

② (～な　～に考える　～に見る)

whole, overall　整体、全面　전체적이다　một cách tổng thể, một cách toàn diện

・技術力、資本、人材などをトータルに考えると、A社はこれからますます発展するだろう。

10 フリーマーケット

flea market　旧货市场、跳蚤市场　프리마켓，벼룩시장　chợ bán đồ cũ

・使わなくなった子供のおもちゃは、公園のフリーマーケットで売った。

11 フロア

floor　层、楼面　플로어　tầng

・夕方になると、地下1階の食品フロアは買い物客でにぎわう。

12 ローン（～を組む）

loan　贷款　론, 대출　khoản vay

・2年返済のローンを組んで車を買ったが、毎月の支払いが大変だ。

参考

ギフト　gift　礼品　기프트（선물）　quà tặng

クーリングオフ　cooling-off　冷却期（制度）　쿨링오프（소비자보호제도）
　　　　　　　giai đoạn cho phép hủy đơn đặt hàng

グッズ　goods　商品　상품　hàng hóa, sản phẩm

ショッピング（～する）　shopping [shop]　购物　쇼핑 [쇼핑하다]
　　　　　　　việc mua sắm [mua sắm]

ドラッグストア　drugstore　药妆店　드러그스토어（잡화상을 겸한 약국）
　　　　　　　cửa hàng dược phẩm

バーコード　bar code　条形码　바코드　mã vạch

問題 ステップI

1 ~ 4

```
オープン   オープン   クレーム   コーナー   サービス   サービス   サービス
```

1. 先週修理したパソコンがまた壊れたので、販売店に_____を付けた。
2. 駅前に新しい電気店が_____した。
3. このレストランは料理の味も_____も一流だ。
4. 友達の加藤君は明るく_____な性格だ。
5. お菓子の_____はエレベーターの横にあります。
6. 5,000円以上買うと、送料が_____になります。
7. A社は新たに宅配_____業を開始した。

5 ~ 8

```
サンプル   セール   セット   セット   ディスカウント
```

1. テーブルといすを_____で買ったら、別々に買うより安くなった。
2. スーパーの前で今度売り出す洗剤の_____を配っていた。
3. 私は月に1、2回は_____店に行って、日用品をまとめ買いしている。
4. 夏物_____で、半額になっていたスカートを買った。
5. コピー機に紙を_____してください。

9 ~ 12

```
トータル   トータル   フリーマーケット   フロア   ローン
```

1. 家電製品の_____は5階です。
2. 大型テレビを15回払いの_____で買うことにした。
3. 就職のためにスーツやシャツ、ネクタイなどをそろえたら_____で5万円以上かかった。
4. 今日は公園で_____が開かれていて、大勢の人でにぎわっていた。
5. あの店に行けば、家電製品から家具、カーテンまで、新生活に必要な物を_____にそろえることができる。

問題 ステップⅡ

```
オープン    オープン    クレーム    コーナー    サービス    サービス
サービス    サンプル    セール    セット    セット    ディスカウント
トータル    トータル    フリーマーケット    フロア    ローン
```

1. テレビとテレビ台の＿＿＿＿＿＿でこの値段ならとても安い。
2. 人柄、学歴、意欲などを＿＿＿＿＿＿に見て、彼を採用することにした。
3. 建設中だった新しい美術館が完成し、明日＿＿＿＿＿＿する。
4. このエレベーターは各＿＿＿＿＿＿に止まります。
5. 卒業式が始まるので、早くマイクを＿＿＿＿＿＿してください。
6. 汚れが落ちていなかったので、クリーニング店に＿＿＿＿＿＿を付けた。
7. 布地の＿＿＿＿＿＿を見て、居間のカーテンを注文した。
8. 山田さんとは何でも＿＿＿＿＿＿に話せる親友だ。
9. 100円どころか、99円、98円均一の＿＿＿＿＿＿店も出てきた。
10. このスーパーの食料品売り場は、野菜の＿＿＿＿＿＿が広くて、種類も豊富だ。
11. 年末売り尽くし＿＿＿＿＿＿をしていたので、前から欲しかった服を買った。
12. 洋服や皿などの不用品を、ネットの＿＿＿＿＿＿で売った。
13. ＿＿＿＿＿＿のよしあしで店を選ぶ人は少なくない。
14. 自動車を＿＿＿＿＿＿で買ったので、毎月3万円ずつ払わなければいけない。
15. 八百屋で品物がいいと褒めたら、トマトを一つ＿＿＿＿＿＿してくれた。
16. 結婚式の招待客は両家を＿＿＿＿＿＿すると、100人だった。
17. わざわざ映画館に行かなくても、配信＿＿＿＿＿＿で見ることができる。

5課　交通

1　アナウンス（～する）

announcement [announce]　广播　아나운스, 안내 방송［아나운스하다, 안내 방송하다］
thông báo (trên loa, đài)

・ちょうど私が駅に着いたとき、電車が事故で遅れているというアナウンスがあった。
・災害時、市役所の担当者は「早く逃げてください」とアナウンスすることになっている。

2　カウンター

counter　柜台、窗口、条案、长桌　카운터　quầy lễ tân, quầy tiếp tân, quầy ăn

・出発2時間前に空港へ行って、航空会社のカウンターでチケットを受け取った。

3　スピード（～を上げる　～を落とす　～を出す）

speed　速度　스피드　tốc độ

・スピードの出しすぎは事故につながるから、気を付けなければならない。

4　ターミナル

terminal　始发站、终点站　터미널　ga đầu, ga cuối

・東京駅はJR各線のターミナルとして、一日中混雑している。

5　ダイヤ（～が乱れる）

(train/bus) schedule　运行时刻表　운행표　lịch trình vận hành của tàu, xe

・事故で電車のダイヤが乱れて、学校に1時間遅れてしまった。

6　バック

①（～する）back　倒车　백, 후진［백하다, 후진하다］　phía sau [lùi]

・車をバックさせるときは、後ろをよく注意してください。

② background　背景　배경　nền

・観光の記念に蒸気機関車をバックにして写真を撮った。

7 ピーク

peak　（状态的）最高峰、顶峰　　피크　　đỉnh điểm

・お正月休みの帰省のピークは12月30日ごろなので、私は日にちをずらして帰るつもりだ。

8 ブレーキ（～がかかる　～をかける）

① brake　刹车　　브레이크　　phanh

・急に子供が飛び出してきたので、慌てて自転車のブレーキをかけた。

② stop　制止、阻止　　브레이크, 제동　　sự cản lại, sự hãm lại

・彼の強引なやり方に部長がブレーキをかけた。

9 Uターン

①（～する）

U-turn [do a U-turn]　180度转弯、掉头　　유턴 [유턴하다]　　sự quay đầu [quay đầu]

・運転手さん、忘れ物をしたので、次の信号でUターンしてください。

②（～する）

return (to one's hometown)　返回（故乡）　　귀향 [귀향하다, 돌아가다]　　sự trở về [trở về]

・彼は東京での仕事を辞めて、故郷へUターンした。

10 ラッシュ

rush (hour)　（交通车辆）高峰时间　　러시 (아워)　　giờ cao điểm

・平日の朝7時ごろには、通勤、通学のラッシュが始まる。

11 ルート

① route　路线、道路　　루트, 경로　　lộ trình

・この道が目的地までの最短ルートだ。

② channel　途径　　루트, 경로　　lộ trình

・当店では無農薬野菜を独自のルートから仕入れている。

参考				
エリア	area	区域	에어리어, 구역	khu vực
チャージ（～する）	charging [charge]	充值	차지, 충전 [차지하다, 충전하다]	việc sạc, việc nạp [sạc, nạp]
ドライブ（～する）	drive	兜风	드라이브 [드라이브하다]	việc lái xe [lái xe]

問題 ステップI

1～6

アナウンス　カウンター　スピード
ターミナル　ダイヤ　バック　バック

1. 車両故障で電車の＿＿＿＿＿＿＿＿が乱れている。
2. チケットは空港へ行ってから、航空会社の＿＿＿＿＿＿＿＿で受け取ることになっている。
3. 桜の花を＿＿＿＿＿＿＿＿にして、写真を撮りましょう。
4. 乗り換えの車内＿＿＿＿＿＿＿＿が聞き取れなくて、困った。
5. 東京駅には大きなバス＿＿＿＿＿＿＿＿があります。
6. 山道では＿＿＿＿＿＿＿＿を落として、運転してください。
7. 車を＿＿＿＿＿＿＿＿させるので、荷物を動かしてください。

7～11

ピーク　ブレーキ　ブレーキ　Uターン
Uターン　ラッシュ　ルート　ルート

1. 保育園の建設は住民の反対で、工事に＿＿＿＿＿＿＿＿がかかった。
2. 道を間違えたので、＿＿＿＿＿＿＿＿して、元来た方へ戻った。
3. 朝の＿＿＿＿＿＿＿＿の時間帯は電車が込むので、通勤がつらい。
4. この道がだめなら別の＿＿＿＿＿＿＿＿を探そう。
5. 首都高速道路の混雑の＿＿＿＿＿＿＿＿は朝8時ごろだ。
6. ＿＿＿＿＿＿＿＿をかけたが間に合わず、交通事故を起こしてしまった。
7. 親の仕事を継ぐために、大阪から故郷へ＿＿＿＿＿＿＿＿した。
8. 警察が麻薬の密輸＿＿＿＿＿＿＿＿を探っている。

問題 ステップⅡ

```
アナウンス   カウンター   スピード   ターミナル   ダイヤ   バック
バック   ピーク   ブレーキ   Uターン   ラッシュ   ルート
```

1. ディズニーランドに行っても、＿＿＿＿＿＿＿＿の出る乗り物には怖くて乗れない。
2. 野球場の場内＿＿＿＿＿＿＿＿が選手交代を伝えた。
3. 台風のため、東海道新幹線は＿＿＿＿＿＿＿＿が大幅に乱れた。
4. 学校は郊外にあるので、朝の＿＿＿＿＿＿＿＿の時間でも楽に通学できる。
5. テーブル席が空いていなかったので、＿＿＿＿＿＿＿＿でコーヒーを飲んだ。
6. 人気が＿＿＿＿＿＿＿＿のときは、彼の小説は100万部売れた。
7. 新宿駅はJRや私鉄各線が乗り入れる＿＿＿＿＿＿＿＿駅で、1日の乗降客が非常に多い。
8. 大洪水で被害が出て、工場の生産増加に＿＿＿＿＿＿＿＿がかかった。
9. 自宅の駐車場で、＿＿＿＿＿＿＿＿してきた車に子供がひかれるという事故が起きた。
10. 大手スーパーは独自の＿＿＿＿＿＿＿＿で、商品を仕入れているから安くできる。
11. 表紙の文字が目立つように、＿＿＿＿＿＿＿＿は薄い色にした。
12. 彼は大学卒業後、東京で働いていたが、都会の生活に疲れて、故郷へ＿＿＿＿＿＿＿＿した。

6課 旅行

1 インフォメーションセンター

information center　问讯处、传达室　인포메이션 센터　trung tâm thông tin, quầy hướng dẫn

・駅前のインフォメーションセンターに行けば、地図や観光のための情報が手に入ります。

2 ガイド（〜する）

guide　向导、导游　가이드 [가이드하다]　việc hướng dẫn [hướng dẫn]

・私の国へぜひ遊びに来てください。日本語の分かるガイドも大勢います。
・京都のタクシー運転手は、町や寺もガイドしてくれる。

関 音声ガイド　audio guide　声音向导　음성 가이드, 음성 안내　hướng dẫn bằng giọng nói

関 ガイドブック　guidebook　旅行指南　가이드북　sách hướng dẫn

3 キャンセル（〜する）

cancellation [cancel]　取消　캔슬 [캔슬하다]　sự huỷ bỏ [huỷ bỏ]

・飛行機のチケットが取れなくて、空港でキャンセル待ちをしている人がいる。
・台風のため旅行に行けなくなったので、予約していたホテルをキャンセルした。

4 シーズン

season　季节、时期　시즌　mùa

・9月は台風シーズンなので、旅行の予定を立てるのが難しい。

5 シングル

① single bedroom　单人房间　싱글룸　phòng giường đơn

・Aホテルはシングルでも部屋が広い。

② single　単身　독신　độc thân

・最近は30代でもシングルが増えていて、少子化の一つの原因と言われている。

6 ツアー （～に参加する　～に申し込む）

tour　　（団队）旅行　　투어　　tour du lịch

・スキーは初めてなので、北海道のスキーツアーに申し込んだ。

7 ツイン

twin bedroom　　双人房间　　트윈룸　　phòng đôi

・一人旅だが、一人用の部屋が空いていなくて、ツインに泊まることになった。

8 パンフレット

pamphlet, booklet　　小册子　　팸플릿　　tạp chí nhỏ để quảng cáo

・夏休みに沖縄に行きたいので、パンフレットを集めて検討している。

9 リゾート

resort　　休养地、疗养地　　리조트　　khu nghỉ dưỡng

・今年の夏休みは、リゾート地として有名な軽井沢へ行こうと思っている。

10 ロッカー

locker　　存放柜　　로커　　tủ khoá

・大きな荷物は駅のロッカーに入れて、ゆっくり観光した。

参考　オプション　　option　　可选项目　　옵션　　sự lựa chọn, quyền lựa chọn

　　　サイクリング　　cycling　　自行车旅行　　사이클링　　việc đi xe đạp

　　　プラン　　plan　　计划　　플랜　　kế hoạch

問題 ステップ I

1 ~ 5

```
インフォメーションセンター    ガイド    キャンセル
シーズン    シングル    シングル
```

1. 日本の秋は旅行の_____で、特に休日は観光地がとても込む。
2. パリでは_____の案内で、観光名所を回った。
3. 乗り換えが分からなかったら、駅の_____で聞いてください。
4. 最近、3、40代の_____の女性のマンション購入者が増えている。
5. 急に都合が悪くなり、航空券の予約を_____した。
6. 一人旅なので、ホテルの部屋は_____を予約した。

6 ~ 10

```
ツアー    ツイン    パンフレット    リゾート    ロッカー
```

1. 夏休みは高原の_____地で、1週間ほどのんびりしようと思っている。
2. 春に京都旅行をしたいと思い、_____をたくさんもらってきた。
3. 姉と二人で泊まるので、ホテルの部屋は_____にした。
4. 日帰りのバス_____に参加して、有名な桜を見てきた。
5. 荷物が重いので、駅の_____に預けた。

問題 ステップⅡ

> インフォメーションセンター　ガイド　キャンセル　シーズン　シングル
> シングル　ツアー　ツイン　パンフレット　リゾート　ロッカー

1. この日帰りバス旅行は＿＿＿＿＿＿＿＿の案内付きで、昼食代が含まれて 8,900 円です。
2. 6時になっても仕事が終わらず、しかたなく歯医者の予約を＿＿＿＿＿＿＿＿した。
3. ＿＿＿＿＿＿＿＿の部屋にもう一つベッドを入れてもらって、3人で一部屋に泊まった。
4. デパートで迷子が泣いていたので、＿＿＿＿＿＿＿＿に連れていった。
5. 映画好きの夫は見に行くと必ず＿＿＿＿＿＿＿＿を買ってくる。
6. 美術館では荷物を＿＿＿＿＿＿＿＿に預けて、ゆっくり鑑賞することにしている。
7. 初めてのヨーロッパ旅行なので、＿＿＿＿＿＿＿＿で行くことにした。
8. 結婚してお金で苦労するぐらいなら、一生＿＿＿＿＿＿＿＿でいいと考える人もいる。
9. 正月は南の島の＿＿＿＿＿＿＿＿地に行って泳ぎたい。
10. 1月、2月は受験＿＿＿＿＿＿＿＿なので、受験生は風邪を引かないように気を遣う。
11. 夫婦で旅行するときは、夫のいびきがうるさいので、部屋は＿＿＿＿＿＿＿＿を二つ取る。

4課・5課・6課　まとめ問題A

1. （　センサー　サンプル　シンプル　ソファ　）を使ってみたらよかったので、次はこの化粧水を買おう。
2. この旅行の（　ツイン　パンフレット　ディスカウント　ツアー　）は見やすくて、説明も分かりやすい。
3. 正男は頑張りすぎる性格なので、誰かが時々（　ターミナル　ショート　クレーム　ブレーキ　）をかけてやらないと、体を壊すのではないかと心配だ。
4. 観光地を見て回るより、海辺に滞在して（　インスタント　コンセント　スピード　リゾート　）気分を味わいたい。
5. 開演5分前の（　アナウンス　センス　リフォーム　スペース　）があったから、そろそろ席に着きましょう。
6. 火事で焼けた店は1か月休んでいたが、今日から（　オーダー　シーズン　オープン　コーナー　）だ。
7. 念願だった家を建てることになり、35年の（　コード　セール　ショート　ローン　）を組んだ。
8. 価格、広さ、間取り、交通の便などを（　ディスカウント　トータル　セール　キャンセル　）に考えて、この家を買った。
9. お世話になった方に、お歳暮にコーヒーと紅茶の（　コーナー　レシピ　バックセット　）を贈った。
10. 今までの取引先に加え、新しい販売（　フロア　ルート　シーズン　レトルト　）を開拓して、売り上げを伸ばした。
11. 太郎は本もノートも持って帰らず、学校の（　ターミナル　スタイル　ツアー　ロッカー　）の中に入れている。
12. この線は（　ソファ　ツイン　ダイヤ　フロア　）が改正されて、電車の本数が増え、便利になった。
13. スポーツの実況中継：オリンピック出場をかけた決定戦。残り時間は後3分。観客の興奮は（　パック　ピーク　バッグ　プラグ　）に達しています。
14. 近くに新しい美容院ができたので、いつも行く美容院の（　サービス　ストック　ショート　ジーンズ　）がよくなった。

4課・5課・6課　まとめ問題B

1. この度は当社のa＿＿＿＿＿＿＿「ハワイ特選の旅」にお申し込みいただき、誠にありがとうございます。お問い合わせいただいた件ですが、1名様でご参加の場合は原則としてお部屋は他のお客様と同室でb＿＿＿＿＿＿＿の部屋をご用意させていただいております。1名様で一人用のc＿＿＿＿＿＿＿の部屋をご希望の方は、お申し込みの際にお申し出ください。その場合、別途追加料金をいただきますのでご了承ください。「ハワイ特選の旅」でご利用いただくホテルは、d＿＿＿＿＿＿＿、設備ともに一流でございます。また、添乗員は同行いたしませんが、現地e＿＿＿＿＿＿＿がご案内させていただきますので、ご安心ください。ご出発当日は、出発2時間前までに成田空港当社f＿＿＿＿＿＿＿前にお集まりください。なお、大変便利なお土産の予約販売も受け付けております。ご出発前にお選びいただいたお土産は、ご指定いただいた日にご自宅に届きます。ご旅行中はお土産の心配もなく、ゆっくりと南の島のg＿＿＿＿＿＿＿をお楽しみいただけると、大変ご好評いただいております。どうぞご利用ください。詳しい精算方法等につきましてはh＿＿＿＿＿＿＿の36ページをご参照ください。その他ご不明な点がございましたら、何なりとお尋ねください。

> ガイド　　カウンター　　サービス　　シングル
> ツアー　　ツイン　　パンフレット　　リゾート

2. 4月から大学に通うので、日本語学校の寮を出て大学の近くに引っ越すことになった。寮を出ると、新しく買わなければならない物がいろいろある。先週、近くの大型スーパーで新生活応援a＿＿＿＿＿＿をやっていたので行ってみた。4階のb＿＿＿＿＿＿の約半分が、一人暮らしを始める人のための特設c＿＿＿＿＿＿になっていて驚いた。日本では4月から新学期が始まるし、就職して親から独立したり、転勤なども4月が多いそうだ。店員さんに冷蔵庫、洗濯機、テレビの3点d＿＿＿＿＿＿がお買い得だと勧められたが、留学生の私にとってはとても高い。冷蔵庫はどうしても欲しいから、e＿＿＿＿＿＿店とどちらが安いか比べてみよう。入学金や引っ越し費用などf＿＿＿＿＿＿すると、100万円近い特別出費になる。少しでも節約しなければと考えながら暗い気持ちで帰ってきたら、公園でg＿＿＿＿＿＿をやっていた。タオルや食器などが安く買えて、少しうれしくなった。

> コーナー　　セール　　セット　　ディスカウント
> トータル　　フリーマーケット　　フロア

7課 スポーツ

1 アマチュア

amateur　业余　아마추어　nghiệp dư
・アマチュア選手は優勝しても賞金をもらえない。

2 コーチ（～する）

coach　教练　코치[코치하다]　huấn luyện viên [huấn luyện]
・彼は選手としてはあまり活躍しなかったが、コーチとしては一流だ。
・佐藤さんはテニスが上手だから、コーチしてもらおう。

3 ゴール（～する）

goal [reach a goal, cross the finish line]　终点、到达终点　결승점[결승점을 통과하다]　gôn, khung thành [đạt mục đích]
・この間のマラソンでは、ゴールの手前で抜かれて、2位になってしまった。
・青山選手は100メートル競走で、日本新記録でゴールした。

4 ジャンプ（～する）

jump　跳跃、弹跳　점프[점프하다]　nhảy
・彼女は走るのも速いが、ジャンプ力もチームで一番だ。
・飛んでくるボールに向かって、小山選手がジャンプした。

5 セーフ

① safe　（棒球）安全进垒　세이프　an toàn
・林選手はボールより一瞬早く滑り込んで、セーフになった。

反 アウト　out　（棒球）出局　아웃　bị loại

② being in time　赶上　시간에 늦지 않게 댐　vừa kịp
・駅まで走っていったら、終電にぎりぎりセーフだった。

6 タイム

time　　所需时间　　타임　　thời gian

・マラソンで彼の通常のタイムは2時間30分ぐらいだ。

7 チャレンジ（～する）

challenge [challenge, take on]　　挑战　　챌린지, 도전 [챌린지하다, 도전하다]
sự thử thách [thử thách]

・柔道の谷選手は母親になっても、チャレンジ精神で優勝をねらっている。
・彼女は次の大会の5,000メートル競走で、世界新記録にチャレンジする。

関　チャレンジャー　challenger　挑战者　챌린저, 도전자　người thách đấu

8 テクニック

technique　　技巧、技术　　테크닉, 기술　　kỹ thuật

・どんな競技でも強い筋力と高度なテクニックが必要だ。

9 トレーニング（～する）

training [train]　　锻炼　　트레이닝, 훈련 [트레이닝하다, 훈련하다]
sự tập luyện [tập luyện]

・毎日、1時間のトレーニングで体力を付けている。
・Aチームのマラソン選手は高地でトレーニングして、よい結果を出した。

関　トレーナー　trainer　教练员　트레이너　huấn luyện viên

10 ハードル

① hurdle　跨栏赛跑　허들　môn chạy vượt rào

・彼女は陸上競技大会で、ハードルに出場した。

② （～が高い　～が低い）　hurdle, obstacle　困难　벽　chướng ngại vật

・A大学は難しくて、私にはハードルが高すぎる。

11 ピンチ（～を切り抜ける）

pinch　　危急局面　　핀치, 위기　　lúc gay go, nguy cấp

・ここで点を入れられたら試合に負ける、という最大のピンチを固い守りで何とか切り抜けた。

12 プレー（〜する）

play　　比賽　　플레이［플레이하다］　　trận đấu [chơi]

・主審の笛が鳴り、いよいよプレー開始だ。
・週末のゴルフはいつも職場の仲間と４人でプレーしている。

13 プロ

professional　　职业（球队等）　　프로　　chuyên nghiệp

・子供のころ、プロ野球の選手になるのが夢だった。

14 メンバー

member　　成员　　멤버　　thành viên

・メンバーが一人足りなくて、野球チームが作れない。

15 ライバル

rival　　（竞争）对手　　라이벌　　đối thủ

・二人は水泳で国内の１、２位を争うよきライバルだ。

16 リード

① （〜する）

lead, ahead [lead, be ahead]　　领先　　리드［리드하다］　　sự dẫn đầu [dẫn đầu]

・昨日の試合では、１点リードを守り切ってＡチームが優勝した。
・先日のサッカーの試合では、前半は２点リードしていたのに、最後に負けてしまった。

② （〜する）

lead　　带领，指挥　　선도, 지휘, 리드［리드하다］　　sự dẫn dắt [dẫn dắt]

・今度の仕事では、加藤部長のリードの下、部員が一丸となって取り組んでいる。
・彼は卓球部の部長として、全国大会まで部員達をリードしてきた。

関 リーダー　leader　　领导人、带头人　　리더　　người lãnh đạo
関 リーダーシップ　leadership　　领导才能　　리더십　　khả năng lãnh đạo, tinh thần lãnh đạo

17 ルール（〜を守る）

rule　　規則　　룰, 규칙　　quy tắc

・この競技のルールはとても単純なので、初めての人でもすぐに楽しめます。

18 レギュラー

regular (member)　　正式（成員）　　레귤러（정규 선수）　　(thành viên) chính thức

・野球チームでやっとレギュラーになれて、いつも試合に出られるのがうれしい。

19 ロス（〜する）

loss [lose]　　損失、浪費　　로스, 낭비 [로스하다, 낭비하다]　　sự mất mát [mất]

・5,000メートル走でA選手とぶつかって、時間のロスをした。
・この間の市民マラソンでは道を間違えて、5分間ロスしてしまった。

参考				
エース	ace	主力选手	에이스	cầu thủ chủ chốt
スコア	score	得分	스코어	tỉ số
スタジアム	stadium	体育场	스타디움	sân vận động
ナイター	night game	晚场（比赛）	나이트 게임, 야간경기	môn thể thao ban đêm, việc thi đấu thể thao ban đêm

問題 ステップI

1～5

> アマチュア　コーチ　ゴール　ジャンプ　セーフ　セーフ

1. 遅刻しそうだったが、教室に駆け込んで、ぎりぎり＿＿＿＿＿＿＿＿で間に合った。
2. スキーの＿＿＿＿＿＿＿＿競技で鈴木選手が優勝した。
3. ＿＿＿＿＿＿＿＿に指導されたとおりやってみたら、うまくいった。
4. 彼は100メートル競走で1位で＿＿＿＿＿＿＿＿した。
5. ＿＿＿＿＿＿＿＿のスポーツ選手は仕事が終わった後で練習している。
6. 野球の実況中継：あ、谷口選手が走りました。＿＿＿＿＿＿＿＿です。盗塁成功です。

6～10

> タイム　チャレンジ　テクニック　トレーニング　ハードル　ハードル

1. 彼の100メートル平泳ぎの＿＿＿＿＿＿＿＿は、私が50メートル泳ぐより速い。
2. 今回のスキーの大会では、世界の一流選手たちが高度な＿＿＿＿＿＿＿＿を披露した。
3. 1回戦で優勝候補とぶつかるが、＿＿＿＿＿＿＿＿精神で頑張ろう。
4. 水泳でオリンピック選手になるという目標は、私には＿＿＿＿＿＿＿＿が高すぎる。
5. 私は毎日30分筋力＿＿＿＿＿＿＿＿して、次の試合に備えている。
6. 県大会の110メートル＿＿＿＿＿＿＿＿で、彼は惜しくも予選落ちした。

11 ~ 15

ピンチ　プレー　プロ　メンバー　ライバル

1. ＿＿＿＿＿＿＿＿＿＿開始の合図で、選手が守備位置に着いた。
2. 有名な＿＿＿＿＿＿＿＿＿＿のサッカー選手は、入団時に高額の契約金を受け取る。
3. 残り時間が後5分というところで、この試合最大の＿＿＿＿＿＿＿＿＿＿を切り抜けた。
4. サッカーのチームを作ったが、試合をするには＿＿＿＿＿＿＿＿＿＿が足りない。
5. 彼らは柔道でいつも優勝を争う、よき＿＿＿＿＿＿＿＿＿＿だ。

16 ~ 19

リード　リード　ルール　レギュラー　ロス

1. 彼はクラス全員をうまく＿＿＿＿＿＿＿＿＿＿して、まとめている。
2. 私にとっては野球よりサッカーの＿＿＿＿＿＿＿＿＿＿のほうが分かりやすい。
3. 田中選手は3,000メートル競走で転んで、1分ほど＿＿＿＿＿＿＿＿＿＿してしまった。
4. マラソンの実況中継：現在、30キロ地点で、佐藤選手は2位の選手を大きく＿＿＿＿＿＿＿＿＿＿して、先頭を走っています。
5. やっとサッカーの＿＿＿＿＿＿＿＿＿＿選手になれ、今度の試合に出られることになった。

問題 ステップⅡ

```
アマチュア    コーチ    ゴール    ジャンプ    セーフ    セーブ
タイム    チャレンジ    テクニック    トレーニング
```

1. 一流大学合格が人生の＿＿＿＿＿＿＿＿＿＿だと思ってはいけません。
2. ゴルフの石川選手は＿＿＿＿＿＿＿＿＿＿ながら史上最年少優勝を果たした。
3. 100メートル走の＿＿＿＿＿＿＿＿＿＿は、12秒6だった。
4. 今度の野球の＿＿＿＿＿＿＿＿＿＿は厳しそうな人だ。
5. 日本へ来て6か月、私には難しいけれど日本語能力試験N1に＿＿＿＿＿＿＿＿＿＿するつもりだ。
6. 野球：本塁へ滑り込み、＿＿＿＿＿＿＿＿＿＿となり、追加点を上げた。
7. 木の枝に引っかかった風船を＿＿＿＿＿＿＿＿＿＿して取った。
8. ロシアの音楽学校に15歳から留学して、高度なピアノの＿＿＿＿＿＿＿＿＿＿を身に付けた。
9. 老化防止のため、脳の＿＿＿＿＿＿＿＿＿＿がはやっている。
10. 今から願書を送れば、締め切りまでにぎりぎり＿＿＿＿＿＿＿＿＿＿で着くだろう。

> ハードル　ピンチ　プレー　プロ　メンバー　ライバル
> リード　リード　ルール　レギュラー　ロス

11. 学費が安い大学で勉強したいが、私には国立大学は＿＿＿＿＿＿＿＿が高い。
12. 昨日のテニスの大会では、素晴らしい＿＿＿＿＿＿＿＿に観客全員が拍手を送った。
13. 事故を防ぐためには交通＿＿＿＿＿＿＿＿を守ることが何より大切だ。
14. 歌が上手な大学生4人組は、卒業後、＿＿＿＿＿＿＿＿の歌手になった。
15. 町内会の野球チームは平均年齢が高く、若い＿＿＿＿＿＿＿＿を募集している。
16. 弟はやっと野球チームの＿＿＿＿＿＿＿＿になれて、毎回試合に出られると喜んでいる。
17. 前半まで3対1で、こちらが2点＿＿＿＿＿＿＿＿していた。
18. 学年でいつも1、2位の成績の二人は、常に＿＿＿＿＿＿＿＿としてお互いを意識している。
19. 今月は予定外の出費が多くて、家計が＿＿＿＿＿＿＿＿だ。
20. 長い会議は時間の＿＿＿＿＿＿＿＿だ。
21. 山下課長は部下をうまく＿＿＿＿＿＿＿＿して、仕事を進めている。

8課 音楽

1 イヤホーン

earphones　入耳式耳机　이어폰　tai nghe nhét tai

・私は通学の電車の中で、イヤホーンで音楽を聞いている。

　関 ヘッドホン　headphones　头戴式耳机　헤드폰　tai nghe trùm đầu

2 オーケストラ

orchestra　管弦乐队　오케스트라　dàn nhạc

・オーケストラは数多くの弦楽器、管楽器、打楽器で構成されている。

3 コンクール

contest　竞赛会　콩쿠르　cuộc thi (nghệ thuật)

・ピアノコンクールで、彼は出場者中、最年少で1位になった。

4 テンポ（〜が遅い　〜が速い）

tempo　速度　템포　nhịp độ, phách

・私はどちらかというとテンポが遅い曲が好きだ。
・あの人の話はテンポが速くて、ついていくのが大変だ。

5 ヒット（〜する）

hit [become a hit]　大受欢迎　히트 [히트하다]
việc được công chúng đón nhận [được công chúng đón nhận]

・苦労して作った新しい曲がヒットして、CDが100万枚売れた。

6 フェスティバル

festival　庆典活动、（音乐）大会　페스티벌　lễ hội

・来月、世界中の演奏家が集まる音楽フェスティバルが開かれるので、楽しみにしている。

7 プログラム

①

program　节目单　프로그램　chương trình

・コンサートのプログラムで、曲の解説を読んだ。

②

program　计划　프로그램　kế hoạch

・一流選手を育てるためのプログラムを作った。

8 ボリューム

① （～を上げる　～を下げる）

volume　音量　볼륨　âm lượng

・工事の音がうるさいので、CDのボリュームを上げた。

② （～がある　～がない）

volume, quantity　量、分量　양, 분량　lượng

・あの店の定食はボリュームがあるので、私には食べ切れない。

9 ライブ

live (concert/broadcasting)　实况、演唱会　라이브　(phát sóng) tại chỗ, trực tiếp

・彼女の演奏会はテレビとインターネットで、ライブ中継された。
・今日は友達と一緒に好きな歌手のライブを聞きに行く。

10 リズム

rhythm　节奏　리듬　nhịp điệu, tiết tấu

・子供達が曲のリズムに合わせて、手をたたいている。
・仕事の時間が不規則で、最近、生活のリズムが乱れている。

参考

クラシック　classical music　古典音乐　클래식　cổ điển

スタジオ　studio　播音室　스튜디오　phòng thu âm, trường quay

スピーカー　speaker　扬声器　스피커　loa phát thanh

パフォーマンス　performance　表演、演奏　퍼포먼스　buổi biểu diễn, việc trình diễn

ポップ／ポップス　pop music　流行音乐　팝　nhạc Pop

メロディー　melody　旋律　멜로디　giai điệu

問題 ステップI

1～6

イヤホーン　　オーケストラ　　コンクール　　テンポ　　ヒット　　フェスティバル
---

1. この曲は＿＿＿＿＿＿＿＿が速くて、私には踊りにくい。
2. 彼の作った曲は、若者の間でいつも＿＿＿＿＿＿＿＿する。
3. わが校は高校の合唱＿＿＿＿＿＿＿＿で入賞した。
4. 今晩、ドイツから来た有名な＿＿＿＿＿＿＿＿の演奏を聞きに行く。
5. アジア＿＿＿＿＿＿＿＿で各国の伝統音楽が紹介された。
6. 電車の中では乗客の迷惑にならないように＿＿＿＿＿＿＿＿を付けて、音楽を聞いている。

7～10

プログラム　　プログラム　　ボリューム　　ボリューム　　ライブ　　リズム
---

1. 今夜、若者に人気があるグループの＿＿＿＿＿＿＿＿コンサートに行く。
2. うるさいので、ラジオの＿＿＿＿＿＿＿＿を下げてください。
3. コンサートが始まるまで席で＿＿＿＿＿＿＿＿を読んでいよう。
4. 大学の近くのレストランは＿＿＿＿＿＿＿＿があるし、安い。
5. これから音楽を流しますから、＿＿＿＿＿＿＿＿に合わせて、踊りましょう。
6. やせたくて、減量＿＿＿＿＿＿＿＿を作って実行している。

問題 ステップⅡ

> イヤホーン　オーケストラ　コンクール　テンポ　ヒット
> フェスティバル　プログラム　ボリューム　ボリューム　ライブ　リズム

1. 今日の試合は＿＿＿＿＿＿＿＿＿が速くて、短時間で終わってしまった。
2. テレビの脚本の＿＿＿＿＿＿＿＿＿で入賞し、ドラマ化されることになった。
3. 今晩は＿＿＿＿＿＿＿＿＿たっぷりの食事で、おなかがいっぱいになった。
4. あの映画は大＿＿＿＿＿＿＿＿＿していて、並ばなければ見られないほどだ。
5. 弟は＿＿＿＿＿＿＿＿＿で第一バイオリンを受け持っている。
6. 夜、音楽を聞くときは、隣の部屋の人がうるさくないように、＿＿＿＿＿＿＿＿＿を付けている。
7. ここでは毎年、有名な歌手が出演する大きな音楽＿＿＿＿＿＿＿＿＿が開かれ、数万人の観客が訪れている。
8. 最近、深夜のアルバイトを始めて、生活の＿＿＿＿＿＿＿＿＿が狂ってしまった。
9. 弟が隣の部屋で受験勉強をしているので、＿＿＿＿＿＿＿＿＿を下げて音楽を聞いている。
10. 今、急成長しているＢ社には独自の人材育成＿＿＿＿＿＿＿＿＿があるそうだ。
11. インターネットで好きな歌手の＿＿＿＿＿＿＿＿＿情報を調べる。

9課 趣味・娯楽

1 アニメ（ーション）

animation, cartoon　动画片　애니메이션, 만화영화　phim hoạt hình

・日本のアニメは絵がきれいなだけでなく、内容も面白い。

2 エンジョイ（〜する）

enjoying [enjoy]　享乐　엔조이, 즐기다 [엔조이하다, 즐겨 하다]
sự thưởng thức [thưởng thức]

・夫は退職後、趣味のバラ作りをエンジョイしている。

3 キャラクター

① character　登場人物　캐릭터　nhân vật

・ドラえもんのキャラクター商品は、世界中で売られている。

② character, personality　性格、性質　성격　tính cách

・明るいキャラクターの彼のおかげで、クラスに笑いが絶えない。

4 コレクション（〜する）

collection [collect]　收藏　컬렉션, 수집 [컬렉션하다, 수집하다]　bộ sưu tập [sưu tập]

・私の趣味は切手のコレクションだ。
・父は昔のおもちゃをコレクションしている。

関 コレクター　collector　收藏家　컬렉터, 수집가　nhà sưu tầm

5 シナリオ

① scenario, script　剧本、脚本　시나리오　kịch bản

・彼はシナリオを書いているが、時々、自分で役を演じることもある。

② scenario, plan　计划、预想　계획, 예정　kế hoạch

・私は50歳で専務、55歳で社長になるというシナリオを考えている。

6 ジャンル

genre, category　种类、体裁　장르　thể loại

・持っているCDをジャンルごとに分けて整理した。

7 シリーズ

series　套、丛书　시리즈　seri, loạt

・『ハリーポッター』シリーズは全世界で人気がある。

8 スクリーン

screen　银幕　스크린　màn hình

・大型スクリーンで味わう映画は迫力がある。

9 ストーリー

story　情节　스토리　câu chuyện

・あの映画はストーリーを知っていても、十分楽しめるそうだ。

10 バラエティ

① variety show　综艺节目　버라이어티，예능，오락　chương trình giải trí

・正月のテレビは、歌、踊り、手品など家族みんなで楽しめるバラエティ番組が多い。

② （〜に富む）variety　多样化、丰富多彩　다양성　sự đa dạng

・あの店はバラエティに富んだTシャツがそろっている。

11 レジャー

leisure　休闲时间、娱乐　레저　sự giải trí

・週末は家族と海や山で、レジャーを楽しむことにしている。

12 レンタル（〜する）

rental [rent]　租赁　렌트［렌트하다］　sự thuê, cho thuê [thuê, cho thuê]

・初めて釣りに行くので、道具はレンタルで済ませた。
・軽井沢では、あちこち回るのに自転車をレンタルした。

参考　ヒーロー　hero　男主人公　히어로，남자 주인공　anh hùng

　　　ヒロイン　heroine　女主人公　헤로인，여자 주인공　nữ anh hùng

問題 ステップI

1～4

> アニメ　　エンジョイ　　キャラクター　　キャラクター　　コレクション

1. 彼女の趣味は陶器の人形の＿＿＿＿＿＿＿＿だ。
2. 就職も決まったので、今年は学生最後の夏休みを思い切り＿＿＿＿＿＿＿＿するつもりだ。
3. うちの子供は＿＿＿＿＿＿＿＿の付いた帽子を欲しがっている。
4. 今話題の＿＿＿＿＿＿＿＿映画を子供と見に行った。
5. 彼女は明るい＿＿＿＿＿＿＿＿で、クラス全員から好かれている。

5～8

> シナリオ　　シナリオ　　ジャンル　　シリーズ　　スクリーン

1. 今度できた映画館は＿＿＿＿＿＿＿＿が大きくて、いすもゆったりしている。
2. 図書館の本は政治、経済、文学など＿＿＿＿＿＿＿＿ごとに並べられている。
3. 古い小説を映画化することになり、＿＿＿＿＿＿＿＿を有名な脚本家に依頼した。
4. これは日本の昔話を集めた＿＿＿＿＿＿＿＿で、全部で12巻あります。
5. 俳優養成所を卒業後、俳優になり、将来は映画監督になるという＿＿＿＿＿＿＿＿を考えている。

9～12

> ストーリー　　バラエティ　　バラエティ　　レジャー　　レンタル

1. 夫は自由な発想で＿＿＿＿＿＿＿＿に富んだ料理を作ってくれる。
2. 最近は釣りなど、海の＿＿＿＿＿＿＿＿を楽しむ人が多い。
3. 週末はDVDを＿＿＿＿＿＿＿＿して、家で見ていた。
4. 映画化されたら原作の＿＿＿＿＿＿＿＿と違っていて、がっかりした。
5. 家族が一緒によく見る番組は、週末の夜の＿＿＿＿＿＿＿＿です。

問題 ステップⅡ

```
アニメ    エンジョイ    キャラクター    コレクション    シナリオ
シナリオ    ジャンル    シリーズ    スクリーン    ストーリー
バラエティ    レジャー    レンタル
```

1. 日本の_____は芸術性にも優れ、世界的に有名だ。
2. わが社はキャンプ場、遊園地など_____産業に力を入れています。
3. あの映画には大好きな俳優が出ているので、テレビではなく映画館の大きな_____で見たい。
4. ディズニーランドに行って、お土産に_____商品を買った。
5. この映画は最後まで目が離せない_____が展開されるそうだ。
6. この美術館は19世紀の油絵を中心に_____している。
7. 今は、ネットで日用品から家電、スポーツ用品まで_____できるので便利だ。
8. この漫画はとても面白かったので、_____の全巻を読みたい。
9. あの脚本家の_____はせりふが長いので、俳優は覚えるのが大変だ。
10. 両親は初めての海外旅行をとても_____したらしい。
11. 今日のパーティーの料理は和・洋・中と_____豊かだった。
12. 私は一人息子を将来は有名医大に進学させ、一流の医者にするという_____を描いている。
13. どんな_____の音楽が好きですか。

7課・8課・9課　まとめ問題A

1. この店のラーメンはおいしくて（　ボリューム　クレーム　メンバー　ブレーキ　）もあるので、人気がある。
2. このゲーム機は500円で2回（　コーチ　プレー　ゴール　ツアー　）できる。
3. 就職して2、3か月は社会人としての生活（　リズム　ダイヤ　ライブ　ジャンプ　）に慣れなくて疲れた。
4. ここでは木村氏の（　イヤホーン　スクリーン　ファッション　コレクション　）の中から、特に素晴らしい作品を展示しています。
5. 母は田舎暮らしが長かったので、（　ライブ　テンポ　タイム　ヒット　）の速い都会の生活は疲れると言っている。
6. 卒業論文の提出期限に間に合わないと思ったが、何とか（　セーフ　ライブ　ジャンプ　レシピ　）だった。
7. この映画は大好きなので、（　ジーンズ　シンプル　シーズン　シリーズ　）6作は全部見た。
8. 冬山登山は高度な（　ストック　リビング　テクニック　コンクール　）と体力が必要だと聞いている。
9. この小説の（　ストーリー　スタイル　スピード　スクリーン　）は18世紀のパリを舞台にして展開されている。
10. 簡単な計算は脳の（　ストック　リビング　バック　トレーニング　）になると言われている。
11. （　ハードル　スタイル　シングル　キャンセル　）が高いからといって、最初から逃げてはだめだ。
12. 私の町は財政（　ピンチ　レシピ　スイッチ　ピーク　）で、住民税が上がった。
13. 英語を一生懸命勉強して、来年、イギリスの留学試験に（　キャンセル　チャレンジ　ジャンル　フェスティバル　）する。
14. A社は世界を（　コード　ガイド　ショート　リード　）する環境技術を持っている。

7課・8課・9課 まとめ問題B

1. スポーツ競技界では以前、練習は主に選手の努力によるものだったが、今はスポーツ医学の発達などにより、科学的に分析された訓練をするようになった。選手達は a_____ の指導の下で b_____ を磨くだけでなく、専門家から医学的指導、栄養指導、心理面での指導なども受けている。例えば、マラソンでは酸素の薄い高地で c_____ することで、実際に試合のときに d_____ がよくなることもある。また、e_____ と競り合ったときに勝てたり、試合前に気持ちを落ち着かせたりできるのは、心理面での指導によるものが大きい。今では学生や社会人の f_____ 選手から野球などの g_____ の選手まで、これらの訓練を採用している。陸上競技で人気がある100メートル競走でも高度な訓練を受けて、2009年に9秒58の世界記録が出た。そして、日本人選手にとって10秒の壁を破るというのは長らく高い h_____ だったが、2017年についに乗り越えた。日本人選手はもちろん、世界中の選手が、恵まれた環境で訓練を受けて、大きな記録に i_____ してほしいものだ。

   ┌───┐
   │ アマチュア　コーチ　タイム　チャレンジ　テクニック │
   │ トレーニング　ハードル　プロ　ライバル   │
   └───┘

2. 日本で有名な映画といえば、『男はつらいよ』a_____です。48作も制作され、そのすべてがb_____しました。世話好きで、人情があり、明るいc_____の寅さんが主人公です。寅さんは優しいおじさんとおばさん、経済的にd_____になると、いつも助けてくれるしっかり者の妹のさくら、それに人のよい隣人達に恵まれていますが、一か所にじっとしていられないので、旅から旅の毎日を送っています。第41作ではオーストリアの首都・ウィーンが舞台で、そこで繰り広げられるe_____は日本人の女性とオーストリア人の若者の恋愛でした。大きなf_____に映しだされるオーストリアの山や川はきれいでした。寅さんはどの作品でもすぐに恋をし、すぐに失恋してしまうのですが、この『男はつらいよ』は、映画のg_____でいえば、喜劇です。ほとんどの作品は山田監督がh_____も書いています。今は、DVDをi_____して全作品を見ることができます。

> キャラクター　シナリオ　ジャンル　シリーズ　スクリーン
> ストーリー　ヒット　ピンチ　レンタル

10課 職業

1 アシスタント　assistant　助手、助理　어시스턴트　trợ lý, người trợ giúp
・彼はよきアシスタントとして、私の仕事を助けてくれる。

2 アナウンサー　announcer　播音員　아나운서　phát thanh viên
・アナウンサーは厳しい発音の訓練を受ける。

3 エコノミスト　economist　经济学家　이코노미스트, 경제학자　nhà kinh tế học
・彼は経済専門誌に記事を書いたり、講演をしたりしている著名なエコノミストだ。
[関] エコノミー　economy　经济　이코노미, 경제　kinh tế

4 エンジニア　engineer　工程師　엔지니어, 기술자　kỹ sư
・彼は建設会社で橋を造るエンジニアとして働いている。

5 ガードマン　security guard　保安人员　가드맨, 경비원, 경호원　bảo vệ, vệ sĩ
・工事現場には、車の出入りから歩行者を守るガードマンが立っている。
[関] ガード（〜する）　guard　警卫、警备　가드 (경호)[가드하다]　sự bảo vệ [bảo vệ]

6 カウンセラー
counselor　生活指导员、生活顾问　카운셀러　chuyên gia tư vấn tâm lý
・学校で事件が起きて以来、子供の心の問題を解決するために、カウンセラーが配置されている。

7 コンサルタント
consultant　（企业经营管理等的）顾问　컨설턴트　chuyên gia tư vấn, cố vấn
・最近、経営がうまくいってないので、コンサルタントに相談している。
[関] コンサルティング　consulting　（有关经营以及技术等问题的）咨询　컨설팅　việc tư vấn (kinh doanh)

8 ジャーナリスト　journalist　记者　저널리스트　nhà báo, ký giả
・弟（おとうと）は戦場（せんじょう）ジャーナリストで、いつも危険（きけん）の中（なか）で取材（しゅざい）している。

　関　ジャーナリズム　journalism　新闻工作　저널리즘
　　　hoạt động truyền thông mang tính thời sự

9 スタッフ　staff　职员　스태프　nhân viên
・アルバイト先（さき）のスタッフはとても親切（しんせつ）で、働（はたら）くのが楽（たの）しい。

10 デザイナー　designer　设计师　디자이너　nhà thiết kế
・あのデザイナーの服（ふく）は上品（じょうひん）な雰囲気（ふんいき）で、大人（おとな）の女性（じょせい）に人気（にんき）がある。

　関　デザイン（〜する）　design　设计　디자인 [디자인하다]　sự thiết kế [thiết kế]

11 フリーター
job-hopping part-timer　自由打工族　프리터（정규직이 없는 아르바이터）
người làm việc tự do
・定職（ていしょく）に就（つ）かず、アルバイトで生計（せいけい）を立（た）てているフリーターの増加（ぞうか）が、社会問題（しゃかいもんだい）になっている。

　参考　アーティスト　artist　艺术家　아티스트　nghệ sĩ

　　　キャスター　newscaster　新闻主播　캐스터　người dẫn bản tin

　　　シェフ　chef　厨师　셰프, 요리사　đầu bếp

　　　ドクター　doctor　医生　닥터, 의사　bác sĩ

　　　ドライバー　driver　司机　드라이버, 운전사　tài xế

　　　ナレーター　narrator　解说员、讲述者　내레이터
　　　người dẫn chương trình, người dẫn chuyện

　　　パイロット　pilot　飞行员　파일럿　phi công

　　　ミュージシャン　musician　音乐家　뮤지션　nhạc sĩ

　　　レポーター　reporter　采访记者　리포터　phóng viên

問題 ステップI

1 ~ 6

> アシスタント　アナウンサー　エコノミスト
> エンジニア　ガードマン　カウンセラー

1. 私の職場には専門の＿＿＿＿＿＿＿＿＿がいて、心の悩みを聞いてくれる。
2. 飛行機を造る＿＿＿＿＿＿＿＿＿になりたいので、航空工学の勉強をしたい。
3. 写真家になるために、最初は田中氏の＿＿＿＿＿＿＿＿＿として働いた。
4. 彼女は、去年から7時のニュースを担当している＿＿＿＿＿＿＿＿＿だ。
5. ＿＿＿＿＿＿＿＿＿でも、株価の長期的な予測をするのは難しい。
6. 私は銀行で＿＿＿＿＿＿＿＿＿をやっているときに、強盗に出遭ったことがある。

7 ~ 11

> コンサルタント　ジャーナリスト　スタッフ　デザイナー　フリーター

1. 彼は卒業後3年ほど＿＿＿＿＿＿＿＿＿だったが、最近定職に就いた。
2. レストランのアルバイトで、先輩の＿＿＿＿＿＿＿＿＿にいろいろ教わった。
3. 将来は＿＿＿＿＿＿＿＿＿になって、報道の仕事がしたい。
4. 彼は長く一流銀行に勤めた後、金融＿＿＿＿＿＿＿＿＿として独立した。
5. 彼女はいつもイタリアの有名＿＿＿＿＿＿＿＿＿の服を着ている。

問題 ステップⅡ

```
アシスタント    アナウンサー    エコノミスト    エンジニア
ガードマン     カウンセラー    コンサルタント   ジャーナリスト
スタッフ      デザイナー     フリーター
```

1. 人の悩みを聞き、問題解決の手助けをする＿＿＿＿＿＿＿＿＿になるために、大学で心理学を勉強しようと思う。
2. 映画作りには多くの制作＿＿＿＿＿＿＿＿＿がかかわっている。
3. 世界一周するような大きな船を造る＿＿＿＿＿＿＿＿＿になりたい。
4. 彼は料理学校を卒業して、有名な料理研究家の＿＿＿＿＿＿＿＿＿をしている。
5. ＿＿＿＿＿＿＿＿＿の使命は真実を正しく報道することだが、なかなか難しい。
6. 小さいときから車の絵を描くのが好きだったので、車の＿＿＿＿＿＿＿＿＿になった。
7. 素敵な相手を見つけて結婚したいので、結婚＿＿＿＿＿＿＿＿＿に相談した。
8. 有名な二人の＿＿＿＿＿＿＿＿＿が全く違う景気予測をしているので、どちらを信じたらよいのか分からない。
9. 今は決まった仕事がない＿＿＿＿＿＿＿＿＿だが、将来は俳優を目指している。
10. 彼はN放送局で＿＿＿＿＿＿＿＿＿として活躍した後、今は話し方教室を開き、いろいろな人を指導している。
11. 私の仕事はビルの＿＿＿＿＿＿＿＿＿だが、事件や事故が起きないようにとても気を遣う。

11課　医療・健康

1 アレルギー　allergy　过敏　알레르기　bệnh dị ứng
・私は牛乳アレルギーなので、乳製品が食べられない。

2 インフルエンザ　influenza　流行性感冒　인플루엔자, 독감　bệnh cúm
・冬になるとインフルエンザがはやるので、お年寄りや子供は予防接種をしたほうがよい。

3 ウイルス　virus　病毒　바이러스　vi rút
・ウイルスが引き起こす病気は少なくない。
・パソコンが（コンピューター）ウイルスに感染して、動かなくなった。

4 カウンセリング（～を受ける）
counseling　咨询指导　카운셀링　việc tư vấn (tâm lý)
・悩みがあって、大学の相談室でカウンセリングを受けている。

5 カプセル　capsule　胶囊　캡슐　viên thuốc con nhộng
・苦い薬でも、カプセルに入っていると飲みやすい。

6 カルテ　medical record　病历　카르테 (의사의 진료기록부)　sổ y bạ, sổ khám bệnh
・医者は患者を診て、病状や薬などをカルテに記入する。

7 カロリー（～を控える）　calorie　卡路里、热量　칼로리　lượng ca lo
・太らないように、カロリーを控えた食事を作っている。

8 ケア

① （〜する）

care [take care of, look after]　　护理、照顾　　케어 [케어하다]　　sự chăm sóc [chăm sóc]

・私達の団体は、紛争地帯の子供達の心のケアをする運動をしている。
・一人で生活できなくなったお年寄りをケアする施設が増えている。

関　アフターケア　aftercare　　病后的调养、维修、保养　　애프터케어　　chăm sóc sau chữa trị

② （〜する）

care [take care of]　　修护　　케어, 관리 [케어하다, 관리하다]　　sự chăm sóc [chăm sóc]

・ひどい日焼けをしたときは肌のケアが必要です。

9 コンディション （〜がいい　〜が悪い）

condition　　（身体）状况、情况　　컨디션　　điều kiện, tình trạng

・世界陸上選手権に向け、各種目の選手達のコンディションは大変よい。

10 コントロール （〜する）

control　　管理、控制　　컨트롤 [컨트롤하다]　　sự kiểm soát, sự điều khiển [kiểm soát, điều khiển]

・スポーツ選手は体重のコントロールに気を付けている。
・大人になるにつれ、人は感情をコントロールすることを覚えていく。

11 シグナル （〜を送る）　signal　　信号　　시그널, 신호　　tín hiệu

・病気になる前に体がシグナルを送っていたが、気が付かなかった。

12 ストレス （〜がたまる　〜を解消する　〜を発散する）

stress　　（精神）紧张状态　　스트레스　　sự căng thẳng

・慣れない外国生活でストレスがたまっている。

13 バランス　balance　　平衡　　밸런스, 균형　　sự cân bằng

・病気にならないように、バランスのよい食事をとるようにしている。

関　アンバランス（〜な）　imbalance　　不平衡　　언밸런스하다, 불균형하다　　mất cân bằng

14 バロメーター

barometer, indicator　　标志　　바로미터 (평가기준)　　thước đo

・体重の増減は健康のバロメーターと言われている。

15 ホームシック（～にかかる　～になる）
homesickness　　想家　　홈식, 향수병　　nhớ nhà
・日本の生活に慣れなくてホームシックになり、毎日、母に電話をかけている。

16 メカニズム　mechanism　机构　메커니즘　cơ chế
・脳のメカニズムを解明するために、多くの学者が研究している。

17 メンタル（～な）　mental　精神、心理　정신적, 감정적이다　thuộc về tinh thần
・あの選手は、最近メンタルを鍛えて、勝つようになった。
・スポーツ選手は体力的なことはもちろん、メンタルな部分も大切だ。

18 リハビリ
rehabilitation　　康复训练　　리허빌리테이션（재활의학）, 재활훈련　　phục hồi chức năng
・けがをした足を元の状態に戻すために、つらいリハビリをしている。

19 リフレッシュ（～する）
refreshment [be refreshed]　　恢复精神、重新振作
리프레시, 기분전환［리프레시하다, 기분전환하다］
sự làm mới, sự làm cho sảng khoái [làm mới, làm cho sảng khoái]
・忙しい仕事の合間には、心と体のリフレッシュが必要だ。
・山を歩いて、森林浴でリフレッシュしている。

20 リラックス（～する）
relaxation [relax]　　放松、轻松　　릴랙스［릴랙스하다］　　sự thư giãn [thư giãn]
・スポーツ選手は試合中でもリラックスできる方法を工夫している。
・彼女は試合前に音楽を聞いて、リラックスするそうだ。

参考　トラウマ　trauma　精神创伤　트라우마　tổn thương tâm lý

　　　ハンデ　handicap　不利条件　핸디캡, 장애　khuyết tật

問題 ステップ I

1 ～ 5

> アレルギー　インフルエンザ　ウイルス　カウンセリング　カプセル

1. 卵、そばなどいろいろな食品が原因で＿＿＿＿＿＿＿＿が起こる。
2. 風邪の＿＿＿＿＿＿＿＿に感染するのを防ぐために、帰宅したらうがいと手洗いをしている。
3. 急に高熱が出たら、ただの風邪ではなく、＿＿＿＿＿＿＿＿かもしれません。
4. 小、中学校でも、悩みがある子供は＿＿＿＿＿＿＿＿が受けられる。
5. 私は薬が苦手だが、＿＿＿＿＿＿＿＿なら何とか飲める。

6 ～ 10

> カルテ　カロリー　ケア　ケア　コンディション　コントロール

1. 試合を明日に控え、選手達の＿＿＿＿＿＿＿＿はよい。
2. 家族だけでなく社会で老人を＿＿＿＿＿＿＿＿することも大切だ。
3. 医者は私に病気の履歴を聞いて、＿＿＿＿＿＿＿＿に書き込んだ。
4. 最近太り気味なので、健康のために＿＿＿＿＿＿＿＿を控えた食事を作るようにしている。
5. 医者に体重を＿＿＿＿＿＿＿＿するように言われた。
6. 紫外線で傷んだ髪は＿＿＿＿＿＿＿＿したほうがいいと美容師によく言われる。

11 ～ 15

> シグナル　ストレス　バランス　バロメーター　ホームシック

1. 新しい職場の人間関係が難しくて、＿＿＿＿＿＿＿＿がたまっている。
2. 初めての外国生活で友達もできず、＿＿＿＿＿＿＿＿になった。
3. ひどいいびきは病気の＿＿＿＿＿＿＿＿と考えて、注意したほうがいい。
4. 健康のためには肉や魚、野菜などを＿＿＿＿＿＿＿＿よく食べることが大切です。
5. 血圧は健康の＿＿＿＿＿＿＿＿だと聞いて、毎日、測っている。

16 ~ 20

> メカニズム　　メンタル　　リハビリ　　リフレッシュ　　リラックス

1. 病後の＿＿＿＿＿＿＿＿＿に毎日1時間散歩している。
2. 本番前はとても緊張していましたが、彼女の一言で＿＿＿＿＿＿＿＿＿することができました。
3. 最近の子供は体力的にも＿＿＿＿＿＿＿＿＿な面でも弱いと言われる。
4. 朝から勉強ばかりしていて疲れたので、好きな音楽でも聞いて、気分を＿＿＿＿＿＿＿＿＿しよう。
5. DNAの研究が進み、遺伝の＿＿＿＿＿＿＿＿＿が少しずつ解明されてきた。

問題 ステップⅡ

```
アレルギー    インフルエンザ    ウイルス    カウンセリング    カプセル
カルテ    カロリー    ケア    コンディション    コントロール
```

1. 家族関係に悩んで眠れなくなり、＿＿＿＿＿＿＿＿＿＿を受けた。
2. 最近、食物＿＿＿＿＿＿＿＿＿＿を持っている子供が増えているという。
3. 鳥から人間にも感染する鳥＿＿＿＿＿＿＿＿＿＿が、世界中に広がる恐れがある。
4. がん患者には治療とともに精神面での＿＿＿＿＿＿＿＿＿＿も必要だ。
5. 朝飲む薬は白と黄色の＿＿＿＿＿＿＿＿＿＿が1個ずつです。
6. あなたの年齢で1日2,500キロ＿＿＿＿＿＿＿＿＿＿は、とりすぎですよ。
7. A社のパソコンが＿＿＿＿＿＿＿＿＿＿に感染して、情報が盗まれた。
8. 彼は感情の＿＿＿＿＿＿＿＿＿＿がうまくできなくて、いつもいらいらしている。
9. 病院では、患者の＿＿＿＿＿＿＿＿＿＿の保存も大切な仕事だ。
10. 来週の試合に備えて休養をとり、＿＿＿＿＿＿＿＿＿＿を整えている。

```
シグナル    ストレス    バランス    バロメーター    ホームシック
メカニズム    メンタル    リハビリ    リフレッシュ    リラックス
```

11. 彼女は＿＿＿＿＿＿＿＿＿＿面を鍛えて、スキーの世界大会で優勝できたという。
12. 会社でたまった＿＿＿＿＿＿＿＿＿＿を発散するために、運動を始めた。
13. 骨折が治って退院したが、しばらく＿＿＿＿＿＿＿＿＿＿のための通院が必要だ。
14. 私にとっては、食欲は健康の＿＿＿＿＿＿＿＿＿＿だ。
15. 増え続ける異常気象は、地球からの＿＿＿＿＿＿＿＿＿＿ととらえて、対策を考えなければならない。
16. 今月も赤字だ。もっと収入と支出の＿＿＿＿＿＿＿＿＿＿を考えた生活をしなくてはいけない。
17. 彼女の家には初めて行ったが、自分の家のように＿＿＿＿＿＿＿＿＿＿して過ごした。
18. 週末は趣味のテニスで汗を流して、気分を＿＿＿＿＿＿＿＿＿＿させた。
19. 地震の＿＿＿＿＿＿＿＿＿＿の研究が進めば、確実に予知できる日が来るかもしれない。
20. 日本へ来た彼女が＿＿＿＿＿＿＿＿＿＿にならなかったのは、すぐに日本人の友達ができたからだそうだ。

10課・11課 まとめ問題 A

1. 最近は、お菓子の箱にも（ アレルギー　アクセサリー　アナウンス　アマチュア ）表示がされている。
2. 勉強とアルバイトだけでは（ シグナル　スペース　サービス　ストレス ）がたまって、病気になりそうだ。
3. 生命進化の（ ボリューム　メカニズム　クレーム　リフォーム ）はとても不思議で、分からないことが多い。
4. A氏は大学の新聞学科を卒業後、B新聞社に入社、現在は（ アシスタント　エコノミスト　ガードマン　ジャーナリスト ）として、第一線で活躍中です。
5. 少子高齢化が進むと、人口構成の（ スペース　バランス　サービス　ウイルス ）が悪くなる。
6. 犯罪が起きると、心に傷を負った被害者のために（ カウンセラー　デザイナー　オーダー　コーナー ）が相談に当たる。
7. 「笑顔は幸せの（ カウンター　ソファ　レジャー　バロメーター ）だ」と言う人がいる。つまり、笑顔の多い人ほど、幸せであるということだ。
8. 有能な（ コンサルタント　アシスタント　アナウンサー　フリーター ）に相談できたおかげで、経営の立て直しができた。
9. 祖父は血圧を（ トータル　ターミナル　カジュアル　コントロール ）するために、毎日薬を飲んでいる。
10. 1か月後の試合に備えて、選手達は心と体の（ ファッション　コレクション　リフレッシュ　コンディション ）を整えている。
11. 本を出版することになって、編集（ スタッフ　ジャンプ　ライブ　セーフ ）と打ち合わせをした。
12. 大学での専攻を生かして、環境に優しい車を造る（ アマチュア　アナウンサー　エコノミスト　エンジニア ）として働きたいと思っている。
13. 緊張や不安が多い現代社会では、自分で（ リフォーム　リハビリ　リラックス　リード ）する方法を見つけなくてはいけない。
14. 最近は社員の健康について、身体的な面だけでなく、（ ハードル　ルール　メンタル　ジャンル ）な面にも注意を払う企業が多くなった。

10課・11課 まとめ問題B

1. 私は小さいころから漫画が好きで、漫画家になるのが夢だった。出版社の新人漫画賞に応募して賞を取ったこともあった。高校卒業後、漫画家になろうと上京したが、初めの2年間は決まった仕事がないa＿＿＿＿＿＿だった。ビルや人々の安全を守るb＿＿＿＿＿＿をやったときは、このままこの仕事を続けようかと思った。掃除の仕事でテレビ局や新聞社へ行ったときは、ニュースを伝えるc＿＿＿＿＿＿や取材で各地を飛び回るd＿＿＿＿＿＿の仕事にあこがれた。自動車会社の工場で働いたときは、自動車を造るe＿＿＿＿＿＿もいいなと思った。20歳になって、さすがにこのままではいけないと考えた。思い切って、前に漫画を載せてもらったことがある出版社へ行って、編集者に会った。相談したところ、運よくf＿＿＿＿＿＿を探している漫画家を紹介してもらえた。今は絵を塗る仕事をしているが、失敗して先輩にしかられ、落ち込むこともある。そんなときは田舎のことを思い出してg＿＿＿＿＿＿になり、家族にとても会いたくなる。気を遣う大変な仕事だが、休みの日には自転車で海へ行ってh＿＿＿＿＿＿する。そして、元気を取り戻してまた仕事に戻る。応援してくれる両親のためにもいつかちゃんとした漫画家になろうと頑張っている。

   ┌──────────────────────────────────────┐
   │ アシスタント　　アナウンサー　　エンジニア　　ガードマン │
   │ ジャーナリスト　　フリーター　　ホームシック　　リフレッシュ │
   └──────────────────────────────────────┘

2. 私は服のa_____なので、冬は夏物の新作発表があり、とても忙しい。今年は空気が乾燥していてb_____がはやるとの予測だった。予防接種をしたいのだが、卵c_____があるため、するのをためらっている。今日は朝から、体がだるくて頭痛もしたが、仕事を休むことができなかった。無理に仕事を続けていたら、夕方急に高熱が出たので、急いで病院に行った。朝からの症状はすべて体からのd_____だったのだから、もっと早く病院へ行くべきだった。そういえば、最近電車の中でせきをしている人が多かった。通勤電車の中にはe_____がまん延していたのだろう。この時期は仕事に追われて、f_____もたまる。また、三度の食事もきちんととれなくなるので、栄養のg_____も崩れて病気にかかりやすくなる。毎年、病気になると分かっていながら、どうしようもないと思う毎日である。

| アレルギー　　インフルエンザ　　ウイルス |
| シグナル　　ストレス　　デザイナー　　バランス |

12課 情報

1 アンケート（〜する 〜に答える 〜を取る）

questionnaire [do a survey]　问卷调查　앙케이트 [앙케이트 조사를 하다]
phiếu điều tra [điều tra (bằng phiếu)]

・A新聞社が「今の内閣を支持するかどうか」について、アンケートを取った。
・小学生にアンケートした結果、一番欲しいものは「睡眠時間」だった。

2 アンテナ

①

antenna, aerial　天线　안테나　ăng ten

・近くにビルができて、テレビの映りが悪くなり、アンテナを高くした。

② （〜を張る）

antenna, being attuned　触角　정보를 얻는 실마리가 되는 것　nắm bắt thông tin

・彼女はおしゃれなので、いつもアンテナを張って最新の流行を追っている。

3 インタビュー（〜する 〜を受ける）

interview　采访　인터뷰 [인터뷰하다]　cuộc phỏng vấn [phỏng vấn]

・選挙の後、首相は報道各社のインタビューを受けた。
・留学生20人にインタビューして、日本の印象を聞いてみました。

4 キャッチ（〜する）

catch [catch, get]　抓住、捕捉　캐치 [캐치하다]　sự bắt lấy, sự nắm bắt [bắt lấy, nắm bắt]

・インターネットで情報をキャッチして、仕事に役立てている。
・犬は遠くに投げたボールを上手にキャッチした。

5 クイズ

quiz　智力竞赛　퀴즈　câu đố

・クイズ番組で「アメリカの初代大統領は誰？」という問題が出た。

6 ゲスト

guest　　客串演出者　　게스트　　vị khách

・今日のゲストは柔道で金メダルを取った山田さんです。

7 コマーシャル

(TV) commercial　　商业广告、广告节目　　커머셜，광고　　quảng cáo trên tivi

・わが社の売り上げを伸ばすには、テレビのコマーシャルが必要だ。

8 コメント（～する）

comment　　解说、评论　　코멘트［코멘트하다］　　lời bình luận [bình luận]

・選挙結果について政治評論家がコメントを述べた。
・最近の経済の動きを専門家がコメントしている。

関 コメンテーター　commentator　　时事解说员　　코멘테이터，해설자　　nhà bình luận

9 コラム

column　　专栏、短评栏　　칼럼　　cột, mục

・M新聞のコラムはとても興味深いものが多い。

関 コラムニスト　columnist　　专栏作家　　칼럼니스트　　người phụ trách chuyên mục

10 スポンサー

sponsor　　赞助人　　스폰서　　nhà tài trợ

・このテレビ番組のスポンサーはビール会社だ。

11 タレント

talent, (TV) personality　　演员、表演者　　탤런트　　nghệ sĩ

・歌に、ドラマに、司会にと、あのタレントは多才だ。

12 チャンネル

channel　　频道　　채널　　kênh

・今は映画専門のチャンネルがあって、好きなときにテレビで映画が見られる。

13 デマ （〜が飛ぶ　〜が流れる　〜が広がる　〜を流す）

groundless rumor　　谣言、流言　　데마고기 (허위정보)　　tin đồn nhảm

・A国大統領暗殺というデマが広がり、株価が大幅に下がった。

14 ドキュメンタリー

documentary　　实录、纪实　　다큐멘터리　　thuộc về tài liệu, thuộc về tư liệu

・事実をありのままに撮ったドキュメンタリー映像は、貴重な資料だ。

15 トピック

topic　　热门话题　　토픽　　chủ đề

・新聞やテレビがトピックとして取り上げるものは、日々変わっていく。

16 ヒント （〜を出す）

hint　　暗示、启示　　힌트　　sự gợi ý

・この写真は何かの一部分です。さて、何でしょう。第一ヒントは食べ物です。

17 フィクション

fiction　　虚构　　픽션　　viễn tưởng

・彼女がみんなに話したのは実際の経験ではなく、フィクションだった。

反　ノンフィクション　nonfiction　　非虚构、纪实　　논픽션　　phi hư cấu

18 マスコミ

mass communication, the media　　新闻媒体　　매스컴　　giới truyền thông

・列車事故を起こした会社の謝罪会見に、マスコミ各社が集まった。

19 メディア

media　　媒体　　미디어　　phương tiện truyền thông

・新聞やテレビに加えて、最近はインターネットも重要なメディアの一つになっている。

関　ソーシャルメディア　social media　　社会媒体　　소셜 미디어　　truyền thông mạng xã hội

20 リアル

① (〜な)

real　　実际、真实　　실제, 리얼하다　　thực tế, chân thực

・戦場のリアルな写真を見て、戦争の恐ろしさがよく分かった。
・買いたい物をリアル店舗で実際に見て、ネットで注文した。

② (〜な)

realistic　　写实　　리얼하다　　thực tế, chân thực

・この推理小説は、警察官の捜査がリアルに描かれていると話題を呼んだ。

21 リクエスト (〜する)

request　　点播、希望、要求　　리퀘스트 [리퀘스트하다]　　sự yêu cầu [yêu cầu]

・乗客のリクエストにこたえて、機内食の種類を増やした。
・彼女との思い出の曲を、ラジオの音楽番組にリクエストした。

参考　オンデマンド　　on demand　　应需而变　　온디맨드 (주문형 서비스 시스템)　　theo yêu cầu

　　　スクープ (〜する)　　scoop　　特讯、独家新闻　　스쿠프 (독점 취재) [스쿠프하다]
　　　việc đăng tin độc quyền [đăng tin độc quyền]

　　　トレンド　　trend　　趋势　　트랜드　　khuynh hướng, chiều hướng, xu hướng

問題 ステップI

1～4

アンケート　アンテナ　アンテナ　インタビュー　キャッチ

1. 私はインターネットから必要な情報を＿＿＿＿＿＿＿している。
2. 国会終了後、記者が環境省の大臣に＿＿＿＿＿＿＿した。
3. 地震で屋根の上の＿＿＿＿＿＿＿が倒れた。
4. 東京の大学生に、就職したい企業の条件について＿＿＿＿＿＿＿を取った。
5. 映画好きの彼は＿＿＿＿＿＿＿を張って、常に最新作を見ている。

5～9

クイズ　ゲスト　コマーシャル　コメント　コラム

1. C新聞の＿＿＿＿＿＿＿の文章は大学の入試問題によく使われる。
2. 今後の景気予測について経済学者が＿＿＿＿＿＿＿した。
3. テレビ＿＿＿＿＿＿＿につられて、つい新商品を買ってしまう。
4. ＿＿＿＿＿＿＿番組で全問正解し、賞金100万円を獲得した。
5. 司会者が今日の＿＿＿＿＿＿＿の野球選手を紹介した。

10～15

スポンサー　タレント　チャンネル　デマ　ドキュメンタリー　トピック

1. F銀行が危ないという＿＿＿＿＿＿＿が流れ、預金者の間に不安が広がった。
2. 番組の最初と最後には＿＿＿＿＿＿＿の企業の名前が出る。
3. 世界中の子供を撮っているこの＿＿＿＿＿＿＿番組が好きです。
4. 彼は元々舞台俳優だが、最近はテレビ＿＿＿＿＿＿＿として活躍している。
5. 今の時間、その＿＿＿＿＿＿＿では、天気予報は放送していません。
6. 年末になると「今年の流行語大賞」が新聞や雑誌の＿＿＿＿＿＿＿になる。

16~21

ヒント　フィクション　マスコミ　メディア　リアル　リアル　リクエスト

1. 視聴者からの＿＿＿＿＿＿＿＿＿で、この歌手の特集を組みました。
2. 有名女優の結婚記者会見には＿＿＿＿＿＿＿＿＿各社が集まった。
3. まるで実話かと思うでしょうが、これは作者が考えた＿＿＿＿＿＿＿＿＿です。
4. インターネットという＿＿＿＿＿＿＿＿＿の出現で、個人でも情報が発信できるようになった。
5. あの映画は暴力場面があまりに＿＿＿＿＿＿＿＿＿なため、入場者の年齢制限が設けられた。
6. この問題は難しいから、＿＿＿＿＿＿＿＿＿がないと解けません。
7. ネット販売している会社の＿＿＿＿＿＿＿＿＿店舗で、実際に洋服を見て、スマホで注文した。

問題 ステップⅡ

> アンケート　アンテナ　インタビュー　キャッチ　クイズ
> ゲスト　コマーシャル　コメント　コラム　スポンサー

1. スポーツ紙の_____にまで政治問題が取り上げられている。
2. コンビニエンスストアでは消費者の好みを敏感に_____した新商品が次々と店頭に並ぶ。
3. 友人が出した「世界で一番広い砂漠はどこ？」という_____に答えられなかった。
4. ビール会社に依頼され、お酒について1,000人に_____調査をした。
5. 映画作りの資金を出してくれる_____を探している。
6. 今回の政治資金問題について、私からは何も_____が出せません。
7. 有名な経済学者がテレビ討論会に特別_____として出演した。
8. 街頭で_____された私の映像が夜のニュースで流れて、びっくりした。
9. F社はシャンプーのテレビ_____が評判になり、売り上げがぐんと伸びたそうだ。
10. 経済学者の彼女は世界経済の動向に常に_____を張っている。

```
タレント    チャンネル    デマ    ドキュメンタリー    トピック    ヒント
フィクション    マスコミ    メディア    リアル    リアル    リクエスト
```

11. 母は夜のニュースは決まった＿＿＿＿＿＿＿＿＿でしか見ない。
12. ＿＿＿＿＿＿＿＿＿各社の誤った報道で、人権を侵害された人もいる。
13. 地方紙の記者は町のちょっとした＿＿＿＿＿＿＿＿＿も記事にするそうだ。
14. これは第二次世界大戦を撮った＿＿＿＿＿＿＿＿＿映画だ。
15. 「お弁当買いに行くけど、何か＿＿＿＿＿＿＿＿＿ある？」「じゃあ、すき焼き弁当にして。」
16. 様々な＿＿＿＿＿＿＿＿＿の発達で、どこの国にいても同じ情報が得られる。
17. 最近、弁護士や医師がテレビ＿＿＿＿＿＿＿＿＿として登場する番組が増えた。
18. その記事の＿＿＿＿＿＿＿＿＿な描写から事故の様子が読者によく伝わった。
19. よくできた＿＿＿＿＿＿＿＿＿かと思ったら、本当にあった事件だった。
20. 悪質な＿＿＿＿＿＿＿＿＿が流れ、彼女は職場にいられなくなった。
21. あなたの話が＿＿＿＿＿＿＿＿＿になり、新しい事業を起こすことができました。
22. 若者の＿＿＿＿＿＿＿＿＿な声を聞いて、小説の題材にした。

13課 技術・機械

1 エンジン

① （～がかかる　～をかける　～を切る）

engine　引擎、发动机　엔진　động cơ

・先日の飛行機事故は、エンジンの故障が原因だった。

② （～がかかる　～をかける）

getting going　开始行动　실행하는 것, 발동　khởi động

・入学試験まで3か月を切って、彼はやっとエンジンがかかってきたようだ。

2 クローン

clone　克隆、复制生物　클론（생물의 복제）　nhân bản vô tính

・科学の進歩は、ついにクローン羊を誕生させた。

3 コンパクト（～な）

compact　紧凑、小型　콤팩트하다　nhỏ gọn

・最近、女性を中心にコンパクトな車がよく売れている。
・出張するときは、荷物をコンパクトにまとめるようにしている。

4 タイプ

type　类型　타입　kiểu, loại

・どちらの商品も値段は同じですが、AタイプはBタイプより小型です。
・私の好きなタイプの男性は父に似ている人だ。

5 タッチ

① （～する）

touch　触、刷（卡）　터치 [터치하다]　sự chạm vào, sự sờ vào [chạm vào, sờ vào]

・駅でも銀行でも画面にタッチして、操作する機械が増えてきた。

② （～する）

participate, be involved in　参与　터치, 관여 [터치하다, 관여하다]
sự liên quan, dính líu [liên quan, dính líu]

・私は他の仕事で忙しく、その企画にはタッチしていない。

6 バイオ

biotechnology　生物工艺学　바이오（생명공학）　công nghệ sinh học

・不可能と言われていた青いバラが作れるようになったのも、バイオの進歩のおかげだ。

7 ハイテク

high technology　高科技　하이테크（첨단과학기술）　công nghệ cao

・A国はハイテク産業で、目覚ましい経済発展を遂げている。

8 パワー

①

power　动力　파워　động lực

・この車は小さいけれどパワーがあるので、山道もよく走る。

②

power, energy　力量、势力　힘　sức mạnh, năng lượng

・市民パワーで空き地を公園にしよう。
・あなたの本を読んで、再出発するパワーをもらいました。

9 マニュアル

manual　指南　매뉴얼　sách hướng dẫn

・パソコンを買ったとき、マニュアルを読んで操作を覚えた。

10 ロボット

robot　机器人　로보트　rô bốt, người máy

・家(いえ)の掃除(そうじ)や洗濯(せんたく)をするロボットが欲(ほ)しい。

参考

イノベーション　　innovation　　革新　　이노베이션（쇄신，혁신）　　sự đổi mới, sự cải tiến

テクノロジー　　technology　　工艺、技术　　테크놀로지　　công nghệ

ハイブリッド　　hybrid　　混合　　하이브리드　　lai tạp

メンテナンス（〜する）　　maintenance [maintain, keep in good condition]　　保养
메인터넌스, 보수, 관리, 유지 [메인터넌스하다, 보수하다, 관리하다, 유지하다]　　sự bảo trì

リコール（〜する）　　recall　　召回、回收　　리콜 [리콜하다]
sự thu hồi hàng lỗi [thu hồi hàng lỗi]

問題 ステップⅠ

1～5

```
エンジン    エンジン    クローン    コンパクト    タイプ    タッチ    タッチ
```

1. 論文締め切りまで後3日だ。そろそろ＿＿＿＿＿＿＿＿をかけないと間に合わない。
2. この図書館ではパソコンの画面に＿＿＿＿＿＿＿＿して、本を探すことができる。
3. ＿＿＿＿＿＿＿＿な車の利点は、狭い道でも楽に走れることと、燃費がいいことだ。
4. この＿＿＿＿＿＿＿＿の自動車は、子供がいる家族に人気がある。
5. 羊や牛だけでなく、犬や猫の＿＿＿＿＿＿＿＿化が研究されている。
6. 私はその件には全く＿＿＿＿＿＿＿＿していないので、彼に聞いてください。
7. 最近、環境に配慮して、赤信号では＿＿＿＿＿＿＿＿を切っているバスが多い。

6～10

```
バイオ    ハイテク    パワー    パワー    マニュアル    ロボット
```

1. うちの近所は坂道が多いので、もっと＿＿＿＿＿＿＿＿がある車が欲しい。
2. 近年、＿＿＿＿＿＿＿＿で新種の植物が作られている。
3. 博覧会では、人間のように歩いたり、踊ったりする＿＿＿＿＿＿＿＿が大人気だった。
4. 親達の＿＿＿＿＿＿＿＿で児童手当の引き上げを実現しよう。
5. ＿＿＿＿＿＿＿＿をよく読んで、そのとおりに操作してください。
6. 国の発展のために、政府はIT関連の＿＿＿＿＿＿＿＿産業に力を入れている。

問題 ステップⅡ

```
エンジン   クローン   コンパクト   タイプ   タッチ   タッチ
バイオ   ハイテク   パワー   パワー   マニュアル   ロボット
```

1. 父は古い＿＿＿＿＿＿＿の人間で、長男は結婚したら親と同居するものと決めている。
2. ペットを失った人のために、その遺伝子を使った＿＿＿＿＿＿＿犬が作られ始めた。
3. 友人は農学部で＿＿＿＿＿＿＿科学を専門に勉強している。
4. 人間の代わりに危険な作業を＿＿＿＿＿＿＿にやらせる工場が増えてきた。
5. 日本語能力試験まで1か月しかないのに、どうしても＿＿＿＿＿＿＿がかからない。
6. ATMでは指示に従って、画面を＿＿＿＿＿＿＿してください。
7. 子供連れの旅行は荷物が多いので、自分のは＿＿＿＿＿＿＿にまとめた。
8. この掃除機は＿＿＿＿＿＿＿があるので、ごみをよく吸い取る。
9. 当社は顧客からの苦情に対応するために、＿＿＿＿＿＿＿を作成している。
10. 車や飛行機がどんなに＿＿＿＿＿＿＿化されても、人間の不注意で事故が起こることもある。
11. 後で責任を問われると困るので、その仕事には＿＿＿＿＿＿＿したくない。
12. 車いすでスポーツする姿は人々に＿＿＿＿＿＿＿を与える。

12課・13課 まとめ問題A

1. 高齢者なのに、地域活動に参加する彼女は(パック　ピンチ　ヒット　パワー)にあふれている。
2. ここ1週間の一番大きな(ストック　トピック　スタイル　トータル)は首相の突然の辞任だった。
3. (ゲスト　アンテナ　マスコミ　チャンネル)を志望していた彼は難関を突破して、Cテレビ局に就職できた。
4. 図書館に読みたい本を(リズム　リハビリ　リビング　リクエスト)したら、取り寄せてくれた。
5. 私は朝ご飯を食べないと、午前中(クローン　アンテナ　エンジン　ハイテク)がかからない。
6. このバッグは見た目は(コンパクト　ロボット　タレント　エコノミスト)だけど、たくさん入る。
7. 誰かが流した(ケア　デマ　ロス　ミニ)がもとで、二人の仲が壊れた。
8. 生活苦で学校に行けない子供達のために、あなたも(スポンサー　コーナー　センサー　アナウンサー)になってくれませんか。
9. 本誌の読者(リード　アンケート　リアル　アマチュア)に答えてくださった方に、図書カードをプレゼントします。
10. この回転ずし屋では画面のメニューに(パック　ヒット　タッチ　セット)して、注文する。
11. この小説は実際にあった事件を(ヒント　リアル　コラム　ライブ)にして書かれたそうだ。
12. 電気とガソリンで走る(アニメ　タイプ　テンポ　ピンチ)の車は、二酸化炭素の排出量がとても少ない。
13. 客への応対をまとめた(シグナル　マニュアル　タレント　アンテナ)を新人研修に使用している。
14. その事件について、多くの評論家が様々な(コンセント　アシスタント　パンフレット　コメント)をしていた。

12課・13課 まとめ問題B

1. 私は大学入学以来、報道の仕事に何となくあこがれていた。ある日、貧しくて教育を受けられない子供達を撮ったBテレビ局のa_____番組を見た。その番組にとても感動し、雑誌や新聞でなく、b_____な映像で人々の心に訴えるテレビというc_____の世界で働きたいと願うようになった。それからは全国各地のテレビ局の就職情報に常にd_____を張ってきた。テレビ局は志望者が多く入社が難しい。4年生になり、数社の試験を受けたが不採用だった。しかし、最後にAテレビ局に採用され、入社後、運よく希望通りの報道部に配属された。今までに、人間のように楽器を弾くe_____や、f_____科学で廃材から作った燃料について取材した。医療のg_____化で超未熟児の命が助かったときも取材に行った。もちろん、明るい話題ばかりではなく事件や事故の取材もし、その関係者にh_____もした。将来は国内だけでなく海外にも取材に行き、人の心に残る番組を作りたい。

   ┌───┐
   │ アンテナ　　インタビュー　　ドキュメンタリー　　バイオ │
   │ ハイテク　　メディア　　リアル　　ロボット   │
   └───┘

2. うちの祖母は80歳近いのにとても元気だ。頭の体操だと言って、新聞の一面のa_____を毎日欠かさず読んでいるし、テレビのb_____番組を見ながら答えを考えている。月に何回かハイキング、美術館巡り、観劇にと出かける。電車やバスに乗るのにカードをc_____するだけでいいのは楽だと喜んでいる。以前からよく外出していたので、どこにいても連絡が取れるように携帯電話をプレゼントした。機械は苦手だと言っていたのに、すぐに使い方にも慣れ、それから私によくメールをくれるようになった。携帯メールがきっかけでパソコンにも興味を持ち、パソコン教室に通い始めた。近ごろテレビのd_____で見た新しいスマホが欲しいというe_____が来た。もっと手軽にインターネットで情報をf_____したいそうだ。高齢でも好奇心が強く、g_____にあふれる祖母は本当に素敵だと思う。

キャッチ	クイズ	コマーシャル	コラム
タッチ	パワー	リクエスト	

14課　性格・感情

1　クール（～な）

cool, unexcitable　　冷静、沈着　　쿨하다, 시원시원하다　　lạnh lùng

・クールな彼は好きなスポーツ観戦のときも、みんなと一緒に騒がない。

2　コンプレックス（～を持つ）

inferiority complex　　自卑感　　콤플렉스　　sự tự ti

・私は小さいときから、字が下手なことにコンプレックスを持っていた。

3　ショック（～を受ける）

shock　　打撃　　쇼크, 충격　　cú sốc

・父親の突然の死にショックを受けて、彼は食事もできなくなってしまった。

4　ジレンマ（～に陥る）

dilemma　　困境　　딜레마　　tình thế tiến thoái lưỡng nan

・アルバイトをすると勉強ができない。でも、しないと生活できない。彼のジレンマである。

5　ストレート（～な）

straight　　直截了当　　스트레이트하다（솔직하다）　　thẳng thắn

・彼女は思ったことを、いつもはっきりストレートに言う。
・会議での彼女の思いがけないストレートな発言に、みんなが嫌な顔をした。

6　ソフト（～な）

soft, gentle　　柔和、温和　　소프트하다（성격이나 인상이 온화하다）　　nhẹ nhàng, mềm mỏng

・あの介護士は一見怖そうな顔をしているが、お年寄りへの応対はとてもソフトだ。
・あの店の店員はみんなソフトな話し方をする。

7 デリケート（〜な）

delicate, sensitive　　纤细、敏感　　델리킷하다（섬세하다，민감하다）　　nhạy cảm, tinh tế

・そんなささいな言葉で傷つくなんて、彼女は意外にデリケートだ。
・中学生はデリケートな年ごろなので、親や教師は接し方に気を遣う。
・私は肌がデリケートなので、シャンプーを選ぶのが難しい。

8 テンション（〜が上がる　〜が下がる　〜が高い　〜が低い）

mood　　情绪　　텐션（기분）　　sự hứng thú

・サッカーの最終決戦で観客のテンションも最高に上がった。
・「彼どうしたの？　今日はテンションが低いね。」「昨日、車を電柱にぶつけたそうだよ。」

関　ハイテンション　hyper　　高度兴奋　　하이텐션（흥분된 상태）　　sự cao hứng

9 ドライ（〜な）

businesslike, pragmatic　　冷冰冰、淡漠
드라이하다（인정，의리등에 동요하지 않고 현실적이다）　　khô khan, thực dụng

・彼はドライだから、自分の役に立たないことは、はっきり断る。
・今度のドラマの主人公は、友情より出世を取るドライな男だ。

反　ウェット（〜な）　sentimental　　多愁善感　　웨트하다（감성적이고 인정에 무르다）
　　　　　　　　　　　　　　　　　　　　　　　　　　ướt át

10 パニック

panic　　恐慌　　패닉　　hoảng hốt, sợ hãi

・地下街で大火災が起き、人々はパニックになった。

11 パワフル（〜な）

powerful, energetic　　精神抖擞、干劲十足　　파워풀하다　　giàu năng lượng, đầy năng lượng

・山本さんは育児、家事、仕事をパワフルにこなしている。
・彼女は先月は中国、今月はフランスと、世界中を取材で飛び回るパワフルな作家だ。

12 プライド （～を持つ　～が高い）

pride　　自尊心　　프라이드, 자존심　　sự tự hào, sự kiêu hãnh

・彼はプライドが高いので、自分の意見に反対されると怒り出す。
・彼女は自分の仕事にプライドを持って働いている。

13 プレッシャー （～がかかる　～をかける）

pressure　　圧力　　프레셔 (정신적 압박), 부담감　　áp lực

・A国ではサッカーへの国民の期待が高く、選手には大変なプレッシャーがかかっている。

14 ユーモア （～がある　～に富む）

humor　　幽默　　유머　　sự hài hước

・彼は難しい話をユーモアを交えながら楽しく話してくれた。

15 ルーズ （～な）

sloppy, careless　　自由散漫　　루즈하다 (칠칠치 못하다, 엉터리다, 시간을 잘 지키지 않는다)　　tuỳ tiện

・彼は時間にルーズでみんなが迷惑している。
・約束は守らない、借りた物も返さない。彼はなんてルーズな人だろう。

参考				
ネガティブ（～な）	negative	消极、悲观	네거티브하다, 부정적이다	tiêu cực
ポジティブ（～な）	positive	积极、乐观	포지티브하다, 긍정적이다	tích cực
モチベーション	motivation	动力、动机	모티베이션 (동기 부여)	động lực

問題 ステップ I

1～5

> クール　　コンプレックス　　ショック　　ジレンマ　　ストレート

1. 友達との飲み会でも、一人静かにしている彼女は＿＿＿＿＿＿＿＿＿＿だと言われる。
2. 彼は仕事を取るか、母親の介護を取るかで＿＿＿＿＿＿＿＿＿＿に陥っている。
3. 大人になっても、運動が苦手なことに＿＿＿＿＿＿＿＿＿＿を持っている。
4. 友人にその服は似合わないと＿＿＿＿＿＿＿＿＿＿に言ったら、気を悪くした。
5. 医者にこのけがは半年は治らないと言われ、＿＿＿＿＿＿＿＿＿＿を受けた。

6～10

> ソフト　　デリケート　　テンション　　ドライ　　パニック

1. 彼女は人間関係よりも自分の目的を大切にする＿＿＿＿＿＿＿＿＿＿な人だ。
2. この病院の看護師はみんな、患者への応対が＿＿＿＿＿＿＿＿＿＿だ。
3. 大きな地震で＿＿＿＿＿＿＿＿＿＿になり、慌てて外へ飛び出した。
4. 彼女が舞台に登場し、観客の＿＿＿＿＿＿＿＿＿＿が一気に上がった。
5. 場所が変わると眠れないなんて、彼も意外に＿＿＿＿＿＿＿＿＿＿なんだね。

11～15

> パワフル　　プライド　　プレッシャー　　ユーモア　　ルーズ

1. 彼は＿＿＿＿＿＿＿＿＿＿が高いから、自分が悪くても決して謝らない。
2. 彼女は毎日夜遅くまで＿＿＿＿＿＿＿＿＿＿に仕事をやっている。
3. 学力以上の大学を親に期待されると、＿＿＿＿＿＿＿＿＿＿を感じる。
4. いつも遅刻する＿＿＿＿＿＿＿＿＿＿な人は雇いたくない。
5. 授業中の先生の話はいつも＿＿＿＿＿＿＿＿＿＿に富んでいる。

問題 ステップⅡ

```
クール    コンプレックス    ショック    ジレンマ    ストレート
ソフト    デリケート    テンション    ドライ    パニック
パワフル    プライド    プレッシャー    ユーモア    ルーズ
```

1. 甘い物は食べたい、でも、少しでもやせたい。私の_____だ。
2. 肌が_____な方には無香料、無着色の石けんがお勧めです。
3. 彼は_____な話し方で、店に来るお客さんに好感を持たれている。
4. 借りたお金を返さないような_____な人とは付き合いたくない。
5. 営業成績を上げなければならないという_____で、胃が痛い。
6. 彼は一見まじめそうだが、人を笑わせる_____もある。
7. 若いころは、背が低いことに_____を持っていた。
8. せっかく盛り上がっていたのに、太郎が変なことを言うから_____下がっちゃったよ。
9. 40年家具を作り続けた彼は、職人としての_____を持っている。
10. 彼女は自分にとって損か得かだけで行動する_____な人だ。
11. 友達の交通事故の知らせを聞いて、大きな_____を受けた。
12. 飛行機が突然100メートル降下し、乗客は大_____になった。
13. いつもは_____な彼も、サッカー観戦のときは大声で応援する。
14. 部下からの_____な批判を、受け入れられる上司は少ない。
15. コンサート会場を揺り動かすような彼の_____な演奏に、人々は感動した。

15課 対人関係

1 アドバイス（〜する）

advice [advise]　劝告、给予指教　어드바이스[어드바이스하다]　lời khuyên [khuyên]

・先生のアドバイスが日本の生活に役立った。
・後輩に進学についてアドバイスして、感謝された。

2 アピール（〜する）

appeal　呼吁、(自我)表现　어필[어필하다]　PR, sự thể hiện [thể hiện]

・B社の面接試験では、自己アピールが上手にできたと思う。
・彼らは平和をアピールするために、広島まで行進した。

3 アポイント（〜を取る）

appointment　预约　어포인트먼트, 약속　sự hẹn gặp

・忙しい伊藤教授に会うにはアポイントが必要だ。

4 エピソード

episode　轶事、插曲　에피소드　mẩu chuyện, câu chuyện ngắn

・結婚式で新郎新婦の学生時代のエピソードが披露された。

5 オフィシャル（〜な）

official　正式　공식적이다, 정식적이다　chính thức

・オフィシャルな場面では、服装も言葉遣いもきちんとしなければならない。

6 ギャップ（〜がある　〜を埋める）

gap　分歧、距离　갭, 차이　khoảng cách, khoảng trống

・20代の若者とその親の世代とでは、結婚についての考え方に大きなギャップがある。

7 コミュニケーション（～を取る）

communication　沟通、交流　커뮤니케이션　sự giao tiếp

・言葉が通じなくても、表情と身振りでコミュニケーションが取れる場合もある。

8 コンタクト（～する　～を取る）

contact　联系、接触　콘택트, 연락 [콘택트하다, 연락하다]　sự liên hệ [liên hệ]

・転職を考えた彼は、いくつかの会社にコンタクトを取った。
・就職したい会社に大学の先輩がいたので、彼にコンタクトして、会った。

9 サイン

① （～を出す）

sign　信号、暗示　사인　dấu hiệu, tín hiệu

・毎朝、子供が「おなかが痛い。」と言っていたのは、学校でいじめられているというサインだった。

② （～する）

signature [sign]　签名　서명 [서명하다, 사인하다]　chữ ký [ký tên]

・部長、この書類にサインをお願いします。
・不動産屋で新しいアパートの契約書にサインした。

10 サポート（～する）

support　支援、赞助　서포트 (지원, 지지) [서포트하다]　sự hỗ trợ [hỗ trợ]

・夫のサポートなしに、私の研究者としての成功はなかった。
・経済面でサポートしてくれる人がいなくて、進学できなかった。

　関　サポーター　supporter　支援者　서포터, 후원자, 지지자　người ủng hộ, người hỗ trợ

11 ジョーク

joke　玩笑、笑话　조크, 농담　chuyện cười, chuyện đùa

・いつもまじめな彼が珍しくジョークを言って、みんなを笑わせた。

12 セクハラ（〜する）

sexual harassment [sexually harrass]　　性骚扰　　성희롱 [성희롱하다]
sự quấy rối tình dục [quấy rối tình dục]

・今は、企業でも学校でもセクハラ防止に努めている。
・有名教授が学生にセクハラして訴えられた。

　　関　パワハラ　power harassment　　职权骚扰　　힘희롱　　sự lạm dụng quyền lực để quấy rối

13 トラブル

①

trouble　　纠纷、麻烦　　트러블　　sự rắc rối

・深夜の騒音で隣人とトラブルになった。

②

trouble, breakdown　　故障　　(기계의) 고장　　sự hỏng hóc

・電車が止まった原因は、電気系統のトラブルと見られている。

14 パートナー

partner　　伙伴、搭档　　파트너　　đối tác

・結婚でも仕事でもよいパートナーと出会えれば、人生は楽しいだろう。

15 ピント

①（〜がずれる）

point　　中心、要点　　핀트, 포인트, 요점　　trọng tâm

・会議でのあの人の発言は、いつもピントがずれている。

②（〜が合う　〜を合わせる）

focus　　焦点、焦距　　핀트, 초점　　tiêu điểm

・昔のカメラはピントを合わせるのが難しかった。

16 プライバシー

privacy　　个人隐私、私生活　　프라이버시　　sự riêng tư

・日記や手紙を勝手に読むことは、親子の間でもプライバシーの侵害だ。

17 プライベート（〜な）

private　个人（的）、私人（的）　사적이다, 개인적이다　riêng tư, thuộc về cá nhân

・会社の車をプライベートに使うわけにはいかない。
・人気作家の彼はいつも忙しくて、プライベートな時間をなかなか持てない。

18 ペア（〜を組む）

pair　一対、一双　페어　cặp

・友人とペアを組んでテニス大会に出場した。

19 メッセージ

message　口信、传话　메시지　tin nhắn

・入院中は、たくさんの友人が励ましのメッセージを送ってくれた。

20 レッテル（〜をはる）

(unfavorable) label　（不好的评价）帽子、印记　레테르（악평）, 딱지　mác (bất hảo)

・日本では昔は髪を染めただけで、不良のレッテルをはられた。

| 参考 | ギブアンドテイク | give and take | 利益交換、互助互让 | 기브 앤 테이크, 주고받음 |

việc cho và nhận

ホスピタリティー　hospitality　殷勤接待　호스피텔러티（환대）
lòng hiếu khách, lòng mến khách

リスペクト（〜する）　respect　敬意、尊敬　리스펙（존경）[리스펙하다]
sự tôn trọng [tôn trọng]

問題 ステップ I

1 ～ 6

アドバイス　　アピール　　アポイント　　エピソード　　オフィシャル　　ギャップ

1. 取引先の社長に＿＿＿＿＿＿＿＿＿を取って、会いに行った。
2. 父と仕事についての考え方に＿＿＿＿＿＿＿＿＿があって、なかなか理解し合えない。
3. 両親が初めて会ったときの＿＿＿＿＿＿＿＿＿を聞いて、思わず笑ってしまった。
4. 卒業論文の書き方を後輩に＿＿＿＿＿＿＿＿＿した。
5. 今日の面接は時間が短くて、自分を十分に＿＿＿＿＿＿＿＿＿できなかった。
6. 今度の外務大臣は＿＿＿＿＿＿＿＿＿な場でも、分かりやすい言葉で話す。

7 ～ 11

コミュニケーション　　コンタクト　　サイン　　サイン　　サポート　　ジョーク

1. 新商品の販売のため、大手スーパー数社に＿＿＿＿＿＿＿＿＿して、交渉を進めている。
2. あの先生が授業中に言う＿＿＿＿＿＿＿＿＿は面白くない。
3. 子供の問題行動は、自分を見てほしいという親への＿＿＿＿＿＿＿＿＿であることが多い。
4. 妻の精神的な＿＿＿＿＿＿＿＿＿のおかげで、仕事は成功した。
5. 子供と上手に＿＿＿＿＿＿＿＿＿が取れる保育士になりたい。
6. 本の出版が決まり、契約書に＿＿＿＿＿＿＿＿＿した。

12 ～ 15

> セクハラ　　トラブル　　トラブル　　パートナー　　ピント　　ピント

1. コンピューターの_____で、今朝はJR各線に遅れが出た。
2. 企業が_____問題で訴えられることもある。
3. 先生の質問に_____がずれた答えをして、みんなに笑われた。
4. 会社を作りたいので、よい_____を探している。
5. 通りがかりの人に写真を撮ってもらったら、_____が合っていなかった。
6. お金の貸し借りで友人と_____になった。

16 ～ 20

> プライバシー　　プライベート　　ペア　　メッセージ　　レッテル

1. 宿題を3回やらなかったら、先生に怠け者の_____をはられた。
2. 新しい国連総長が世界に向けて平和の_____を送った。
3. 親が子供のメールを無断で読むのも_____の侵害となる。
4. 隣の席の人と_____を組んで、英会話の練習をした。
5. 彼女とは仕事だけでなく_____な付き合いもある。

問題 ステップⅡ

アドバイス　アピール　アポイント　エピソード　オフィシャル
ギャップ　コミュニケーション　コンタクト　サイン　サイン　サポート

1. 卒業後も、お世話になった教授とずっと＿＿＿＿＿＿＿＿＿＿を取っている。
2. お支払いはカードで1回払いですね。ここに＿＿＿＿＿＿＿＿＿＿をお願いします。
3. 姉から子育てについて＿＿＿＿＿＿＿＿＿＿をしてもらい、いつも助かっている。
4. ＿＿＿＿＿＿＿＿＿＿なしで教授に会いに行ったが、機嫌よく会ってくれた。
5. 強い頭痛が続いたら、それは脳の病気の＿＿＿＿＿＿＿＿＿＿かもしれません。
6. 先生から若いときの貧乏生活の＿＿＿＿＿＿＿＿＿＿を聞いた。
7. 毎年、8月6日には平和を＿＿＿＿＿＿＿＿＿＿する記念式典が広島で開かれる。
8. 調査の結果、妻と夫の家事に対する考え方には＿＿＿＿＿＿＿＿＿＿があることが分かった。
9. 男性は＿＿＿＿＿＿＿＿＿＿な場ではネクタイをしなければならない。
10. ゴッホは生涯、弟の精神的・経済的＿＿＿＿＿＿＿＿＿＿を受け続けた。
11. 離婚の原因の一つに夫婦の＿＿＿＿＿＿＿＿＿＿の不足が挙げられる。

```
ジョーク   セクハラ   トラブル   トラブル   パートナー   ピント
ピント   プライバシー   プライベート   ペア   メッセージ   レッテル
```

12. 今日の先生の講演は＿＿＿＿＿＿＿＿がずれていて、聞いていて話がよく分からなかった。
13. 当社は水道の＿＿＿＿＿＿＿＿なら、365日、24時間、対応いたします。
14. ＿＿＿＿＿＿＿＿宿泊券をもらって、母と二人で温泉に行った。
15. 機嫌の悪い彼女を笑わせようと＿＿＿＿＿＿＿＿を言ったら、逆に怒らせてしまった。
16. 留守番電話に＿＿＿＿＿＿＿＿を入れておいたから、後で連絡があるだろう。
17. 学校でも企業でも、地位を利用した＿＿＿＿＿＿＿＿は犯罪だ。
18. このデジカメは自動的に人物の顔に＿＿＿＿＿＿＿＿が合うようになっています。
19. 昔から犬は人間のよき＿＿＿＿＿＿＿＿と言われている。
20. 当病院では＿＿＿＿＿＿＿＿保護のため、入院患者についての質問にはお答えできません。
21. 人気漫画家の彼女は＿＿＿＿＿＿＿＿と仕事用に分けて、2軒の家を持っている。
22. お客さんと＿＿＿＿＿＿＿＿を起こし、上司にしかられた。
23. 転校して、すぐ小さなけんかをしたら、乱暴者の＿＿＿＿＿＿＿＿をはられてしまった。

14課・15課 まとめ問題A

1. 書留です。ここに（ サイン　サポート　セーフ　センサー ）か印鑑をお願いします。
2. 友人に間違ったことを教えたら、うそつきだという（ カジュアル　レッテル　トータル　シグナル ）をはられてしまった。
3. 雑誌の取材で、有名なサッカー選手に（ アピール　アンテナ　アポイント　マニュアル ）を取って会いに行った。
4. ある有名な歌手はとても（ コンサルタント　コントロール　テンション　デリケート ）な人で、客席が少しでもうるさいと歌えないということだ。
5. 治療には医者と患者の十分な（ ドキュメンタリー　ゲスト　エピソード　コミュニケーション ）が欠かせない。
6. 自信を持って受けた大学が不合格で（ ストック　シナリオ　ショック　ソフト ）だった。
7. 前首相の提案で、夏は（ トラブル　オフィシャル　メンタル　レンタル ）な場でも上着を着なくてもいいことになった。
8. 世界の多くの国は経済発展を優先するか、環境を守るかの（ ジャンル　ジレンマ　チャレンジ　センス ）を抱えている。
9. 小さいときから、優秀な兄に対して（ コンプレックス　テンション　プライド　コンパクト ）を抱いてきた。
10. この映画は地球温暖化防止の（ メッセージ　ピント　トラブル　ジーンズ ）を世界中に伝えるために作られた。
11. 海外旅行で財布と荷物を盗まれたときは（ パック　バランス　バイオ　パニック ）になった。
12. 政治家や芸能人は（ アピール　プロ　プライベート　ブランド ）な問題でも、週刊誌に書かれる。
13. 優勝候補だとみんなに騒がれながら戦うのは大変なことだが、あの選手は（ プレッシャー　パワフル　パートナー　フレッシュ ）に最後まで負けなかった。
14. 当社はお客様の（ プライバシー　インタビュー　マスコミ　プライド ）保護に努めており、そのためお客様の個人情報を厳しく管理しています。

14課・15課 まとめ問題B

1. 私の上司は部下が仕事しやすいようにa＿＿＿＿＿＿＿＿してくれる信頼できる人だ。彼女は長年してきた営業の仕事にb＿＿＿＿＿＿＿＿を持ち、朝早くから夜遅くまでc＿＿＿＿＿＿＿＿に仕事をこなしている。時々d＿＿＿＿＿＿＿＿に部下をしかるので、少し腹の立つこともあるが、よく考えると彼女の指摘が正しいことが多い。当然のことだが、期限を守らないe＿＿＿＿＿＿＿＿な部下には特に厳しい。最近は競争会社も増えて、営業成績を上げるのも一苦労だ。ここのところ、お客とのf＿＿＿＿＿＿＿＿も多くて対応に苦労する。時々、気晴らしに彼女が飲みに連れていってくれる。彼女はいつもお酒が入ると歌い出すのだが、先日は飲みすぎて歩けなくなり、とうとう自宅まで送っていった。彼女のご主人が出てきてお礼を言ってくれたが、g＿＿＿＿＿＿＿＿な雰囲気の感じのいい人だった。仲のよいご夫婦に見えた。私も上司を見習って仕事と家庭を両立していきたい。

> サポート　　ストレート　　ソフト　　トラブル
> パワフル　　プライド　　ルーズ

2. 日本に留学して3年目に、アルバイト先で日本人の彼女と知り合った。最初はまじめそうな近づきにくい印象だったが、話してみるとa＿＿＿＿＿＿＿＿のある楽しい人だった。私は自分をb＿＿＿＿＿＿＿＿したくて懸命に日本語で話をした。違う国に生まれた二人なので考え方にc＿＿＿＿＿＿＿＿もあったが、それを乗り越えて、半年前に結婚を申し込んだ。彼女は少し考えてからOKしてくれた。彼女のご両親の家にあいさつに行くと、ご両親は彼女の小さいころの写真を見せてくれたり、いろいろなd＿＿＿＿＿＿＿＿を話してくれたりして、温かく迎えてくれた。また、結婚生活についてe＿＿＿＿＿＿＿＿もしてくれた。結婚後は近くに住むことになるが、よいご両親でほっとした。来週、国から私の父と母が来る。両親は日本語が話せないが、彼女なら二人と上手にf＿＿＿＿＿＿＿＿を取ってくれるに違いない。日本に来て人生のg＿＿＿＿＿＿＿＿を見つけることができて、本当に幸せだ。

> アドバイス　　アピール　　エピソード　　ギャップ
> コミュニケーション　　パートナー　　ユーモア

16課 政治・経済・社会

1 アイデンティティー　identity　自我存在意识　아이덴티티, 정체성　bản sắc
・少数民族こそ、民族のアイデンティティーを失ってはならない。

2 インフラ

infrastructure　基础设施　인프라 (생산, 경제활동의 기초적인 시설)　cơ sở hạ tầng
・震災後、政府は道路や下水道のインフラ整備を進めた。

3 インフレ　inflation　通货膨胀　인플레이션　sự lạm phát
・インフレが進み、物価が上がって生活が苦しくなった。

4 エスカレート（〜する）

escalation [escalate]　逐步升级　에스컬레이트 (단계적으로 확대됨) [에스컬레이트하다]
sự leo thang [leo thang]
・国際会議で議論がエスカレートして、A国の代表は怒って席を立った。

5 エリート　elite　杰出人物、尖子　엘리트　người ưu tú
・彼の父も祖父も一流大学を卒業後、一流会社の重役にまでなったエリートだ。

6 カルチャーショック（〜を受ける）

culture shock　文化冲击　컬처쇼크　sốc văn hóa
・国によって文化が違うので、留学生はカルチャーショックを受けることが多い。
　[関] カルチャー　culture　文化　컬처, 문화　văn hoá

7 キャッシュ　cash　现金　캐시, 현금　tiền mặt
・当店はカードお断り、キャッシュでお支払いください。
　[関] キャッシュレス　cashless　非现金（交易）　캐시리스 (현금을 사용하지 않는 신용거래)
　　　　　 không tiền mặt, phi tiền mặt

16課　政治・経済・社会　101

8 キャンペーン campaign 运动、宣传活动 캠페인 chiến dịch, đợt khuyến mại

・新発売のビールを売り出すために、スーパーで試飲のキャンペーンを行った。
・政府はエイズ予防のためのキャンペーンを繰り広げている。

9 グローバル（〜な） global 全球（的） 글로벌하다 toàn cầu

・二酸化炭素の削減への取り組みは日本だけでなく、グローバルに展開するべきだ。
・経済は一国だけではなく、グローバルな観点から考えなくてはならない。

　関　グローバリゼーション globalization 国際化、全球化 글로벌리제이션（国際化）
　　　toàn cầu hoá

10 コミュニティー community 地方自治団体、地区社会 커뮤니티 cộng đồng

・大きな災害のときこそ、地域のコミュニティーのつながりが大きな力になる。

11 シェア

① （〜を占める） (market) share 市場占有率 셰어 thị phần
・日本の外食産業では外国産の野菜がかなりのシェアを占めている。

② （〜する） share 分、分享 셰어［셰어하다, 나누다］ chia sẻ
・どれもおいしそうな料理なので、何品か注文して、みんなでシェアして食べた。

　関　ワークシェアリング work-sharing （为避免裁员失业）职工分减工作量
　　　워크 셰어링（일을 나눠 고용의 기회를 늘리는 것）
　　　chia sẻ công việc

12 システム system 体系、体制 시스템 hệ thống

・日本の流通システムは複雑なので、小売値が高くなる。

13 シンポジウム（〜を開く） symposium 专题研讨会 심포지움 hội thảo

・少子化問題のシンポジウムに参加して、講演者にたくさん質問した。

14 デフレ deflation 通货紧缩 디플레이션 sự giảm phát

・デフレが進み、80円や90円のハンバーガーが売り出された。

15 ノウハウ

know-how　技术知识、诀窍　노하우　kiến thức chuyên môn, bí quyết

・資金があっても、経営のノウハウがなければ、事業は成功しない。

16 バブル（～がはじける）

economic bubble　泡沫经济　버블 (버블 경제, 거품 경제)　bong bóng kinh tế

・90年代、日本はバブルがはじけて、株価も地価も下落した。

17 ビジョン　vision　理想、宏图　비전　tầm nhìn

・経営者は長期的なビジョンを持って、経営に当たらなければならない。

18 ボイコット

① （～する）

boycott　抵制购买　보이콧 (불매운동) [불매운동하다]　sự tẩy chay, không mua hàng [tẩy chay]

・川を汚染したB社の製品のボイコットを決めた。
・動物愛護団体は毛皮製品をボイコットする運動を始めた。

② （～する）

boycott　拒绝参加、排斥　참가거부 [참가거부하다]　sự tẩy chay, không tham gia [tẩy chay]

・学生を差別したことが原因で、クラスの大半がその教師の授業をボイコットした。

19 ボランティア

volunteer　志愿者、社会福利活动　볼런티어, 자원봉사자　tình nguyện viên

・地震の被災地には全国からボランティアが集まり、困っている人々の手助けをした。

20 マナー（～がいい　～が悪い）　manner　礼法、规矩　매너　cách xử sự

・たばこの吸い殻を道に捨てるマナーの悪い人がいる。

21 マネー　money　金钱、货币　머니, 돈　tiền bạc

・買い物はほとんど電子マネーでしている。

16課　政治・経済・社会　103

22 ムード （～がある　～が漂う）

atmosphere, mood　　气氛、心情　　무드, 분위기　　bầu không khí, tâm trạng

・活発な文化交流で、二国間には友好的なムードが漂っている。

23 モラル （～が高い　～がない　～が低い）　moral　　道德　　모럴, 도덕　　đạo đức

・本の紛失や破損など、図書館利用者のモラルの低下が問題になっている。

24 ライフスタイル　　lifestyle　　生活方式　　라이프 스타일　　phong cách sống

・退職後のライフスタイルとして、田舎暮らしを選ぶ人もいる。

25 ライフライン

lifeline, essential utilities　　（水电、煤气、通讯等）都市生活的生命线
라이프 라인 (상하수도, 전력, 가스, 통신, 등의 사회기본 시설)
mạng lưới sinh hoạt (nước, điện, gas, viễn thông v.v.)

・災害時には、まずライフラインを復旧させることが重要だ。

26 リスク （～がある　～を負う）　risk　　风险　　리스크（위험）　　rủi ro

・株はもうかる場合もあるが、リスクもあることを忘れてはいけない。

27 ワークショップ （～に参加する）　workshop　　研究会　　워크숍　　hội thảo nhỏ

・来週、情報処理のワークショップに参加するので、少し勉強しておこう。

| 参考 | シニア　　elderly person　　老年人　　시니어, 연장자　　người cao tuổi

テロ　　terrorism　　恐怖（行动）　　테러　　khủng bố

問題 ステップⅠ

1〜6

> アイデンティティー　インフラ　インフレ
> エスカレート　エリート　カルチャーショック

1. C国は、道路や鉄道などの＿＿＿＿＿＿＿＿＿を整えた。
2. 言語はその民族の＿＿＿＿＿＿＿＿＿であると言う人もいる。
3. ＿＿＿＿＿＿＿＿＿が進み、公共料金や食料品が値上がりした。
4. 今と違って、大学を出ただけで＿＿＿＿＿＿＿＿＿と言われた時代もあったそうだ。
5. 議論が＿＿＿＿＿＿＿＿＿して、とうとうけんかになった。
6. 外国に行って、文化や習慣のあまりの違いに＿＿＿＿＿＿＿＿＿を受けた。

7〜11

> キャッシュ　キャンペーン　グローバル　コミュニティー　シェア　シェア

1. ＿＿＿＿＿＿＿＿＿を持ち歩くのは面倒なので、カードなどで買い物をすることにしている。
2. 環境問題は＿＿＿＿＿＿＿＿＿な視点で考えなければ、解決できない。
3. 新商品を発売したときには、大々的に＿＿＿＿＿＿＿＿＿を行う。
4. 国内の洗濯機はA社が約30％の＿＿＿＿＿＿＿＿＿を占めている。
5. 少子高齢化社会では、地域の＿＿＿＿＿＿＿＿＿の助け合いが一層重要になる。
6. 部屋を二人で＿＿＿＿＿＿＿＿＿しているので、家賃も半分で済む。

12 ~ 17

システム　シンポジウム　デフレ　ノウハウ　バブル　ビジョン

1. 核問題に関する＿＿＿＿＿＿＿＿が広島で開かれた。
2. 好調な発展を続けるA国の経済＿＿＿＿＿＿＿＿には、学ぶべき点が多い。
3. ＿＿＿＿＿＿＿＿で物価が下がったといっても、喜んでばかりはいられない。
4. ＿＿＿＿＿＿＿＿がはじけて、多額の負債を抱えた人も多い。
5. 営業の＿＿＿＿＿＿＿＿を後輩に伝えた。
6. 政治には、長期的な＿＿＿＿＿＿＿＿が必要だ。

18 ~ 22

ボイコット　ボイコット　ボランティア　マナー　マネー　ムード

1. 目の不自由な人達のために本を読む＿＿＿＿＿＿＿＿をしている。
2. 選手に物を投げるなど観客の＿＿＿＿＿＿＿＿が悪くて、試合が中断された。
3. 同僚の不当な解雇に反対して、みんなで仕事を＿＿＿＿＿＿＿＿した。
4. コンビニでは電子＿＿＿＿＿＿＿＿で支払っている。
5. A国とB国の関係が悪くなり、A国内ではB国の製品を＿＿＿＿＿＿＿＿し始めた。
6. 高橋さんが合格したという知らせで、教室の＿＿＿＿＿＿＿＿が一気に明るくなった。

23 ~ 27

モラル　ライフスタイル　ライフライン　リスク　ワークショップ

1. 人々の＿＿＿＿＿＿＿＿が低いのか、平気で道路にごみを捨てる人がいる。
2. 教育の質を高めるために、県が授業の進め方の＿＿＿＿＿＿＿＿を企画した。
3. 大洪水の被災者は＿＿＿＿＿＿＿＿の復旧を待ち望んでいる。
4. 高い利益が期待できる金融商品は、それだけ＿＿＿＿＿＿＿＿も大きい。
5. 一人暮らしの老人が増えていることには、人々の＿＿＿＿＿＿＿＿の変化が関係している。

問題 ステップⅡ

> アイデンティティー　インフラ　インフレ　エスカレート　エリート
> カルチャーショック　キャッシュ　キャンペーン　グローバル
> コミュニティー　シェア　シェア　システム　シンポジウム

1. いつかはわが家を買おうと思っているうちに、＿＿＿＿＿＿＿＿が進み、とても手が出ない値段になってしまった。
2. あの店、量が多いから、4人分注文して5人で＿＿＿＿＿＿＿＿したら、ちょうどいいんじゃない？
3. イタリアへ留学したときに、商店などが店を閉めて昼寝をするのを見て、＿＿＿＿＿＿＿＿を受けた。
4. 環境問題の＿＿＿＿＿＿＿＿で、専門家の意見を聞いて、その後いろいろな質問をした。
5. 難民となった人々は、宗教でその民族の＿＿＿＿＿＿＿＿を保っているという見方もある。
6. 子供を＿＿＿＿＿＿＿＿にするために、幼いうちからいろいろ習わせる親も多い。
7. 父はカードを忘れて、5万円のスーツを＿＿＿＿＿＿＿＿で買ったそうだ。
8. 現在の自動車業界では、T自動車が世界最大の＿＿＿＿＿＿＿＿を占めている。
9. 発展途上国では水道、道路、学校、病院など＿＿＿＿＿＿＿＿の整備が急務だ。
10. 青少年の起こす犯罪は年々＿＿＿＿＿＿＿＿して、悪質になる一方だ。
11. あの会社は＿＿＿＿＿＿＿＿に市場を開拓して、急成長している。
12. 子供を犯罪から守るためには、地域の＿＿＿＿＿＿＿＿での協力が必要だ。
13. 交通遺児救済の＿＿＿＿＿＿＿＿をするため、有名な歌手達が集まってコンサートを開いた。
14. 大地震の教訓を生かした新しい防災＿＿＿＿＿＿＿＿の運用が始まった。

```
デフレ    ノウハウ    バブル    ビジョン    ボイコット    ボイコット
ボランティア    マナー    マネー    ムード    モラル
ライフスタイル    ライフライン    リスク    ワークショップ
```

15. 電子＿＿＿＿＿＿があれば、現金を持たなくても、買い物をしたり電車に乗ったりできる。
16. 歩行者優先、無理な割り込みはしないなど運転＿＿＿＿＿＿のよい人は、事故を起こす確率が低いと言われている。
17. A国は過去に政治的な問題でオリンピックへの参加を＿＿＿＿＿＿したことがある。
18. 両者は互いに主張を譲らず、話し合いは険悪な＿＿＿＿＿＿になった。
19. 戦後、日本は先進国から車造りの＿＿＿＿＿＿を学び、自動車業界は驚異的発展を遂げた。
20. 防災体制を整えるには、ガスや水道などの＿＿＿＿＿＿を守る対策を立てることも重要だ。
21. 少子化問題抜きには、年金の長期的な＿＿＿＿＿＿は明確に語れない。
22. 彼は平日は仕事人間だが、休日は障害者の外出支援の＿＿＿＿＿＿をしている。
23. 最近は女性の＿＿＿＿＿＿も多様化し、結婚しない生き方を選ぶ女性が増えた。
24. 高齢者介護について学ぶ＿＿＿＿＿＿に参加して、実際に車いすを押してみた。
25. ＿＿＿＿＿＿による値下げ競争の影響で、その会社は経営が悪化した。
26. ＿＿＿＿＿＿時代はぜいたくな生活をしていたという。
27. 事故や欠陥商品など、企業としての＿＿＿＿＿＿をなくした会社が目につく。
28. 現在の地位や収入を捨てるという＿＿＿＿＿＿を負ってまで、留学の道を選んだ。
29. 違法行為をしたA社の製品を＿＿＿＿＿＿しようという動きが、消費者の間で広がっている。

16課 まとめ問題 A

1. 私が（ ギャップ　キャッシュ　キャラクター　キャッチ ）で支払うのは、せいぜい3万円までだ。
2. 自分の店を持てたのは、料理だけでなく経営の（ レトルト　スクリーン　ストーリー　ノウハウ ）も教えてくれた彼のおかげだと感謝している。
3. 紛争の絶えないこの国では、国民はもちろん政府さえ将来の（ ピント　パワー　ビジョン　パワフル ）を描くことができないようだ。
4. 電気自動車はやがて市場で大きな（ シェア　セット　ケア　ヒット ）を占めるようになるだろう。
5. 採用試験に落ちたと思っていた彼女はあきらめ（ コード　ムード　セーフ　ゴール ）だったが、合格と聞いて跳び上がって喜んだ。
6. 私は高校時代、（ バロメーター　ハードル　ボランティア　アマチュア ）として高齢者施設でお年寄りのお世話をしたことがある。
7. 食の（ キャッチ　ターミナル　フレッシュ　グローバル ）化で、一国の小麦の不作が全世界に影響を与えるようになった。
8. 夫婦げんかが（ エスカレーター　エンジン　エピソード　エスカレート ）して、ついに警官まで呼ぶ騒ぎになった。
9. 女性の一人暮らしは危険なので、防犯（ システム　ハイテク　タッチ　ホット ）がしっかりしたマンションに住みたい。
10. そんなことをするなんて、あなたの人間としての（ ルーズ　リアル　リズム　モラル ）を疑うわ。
11. 彼は、一流大学、一流企業と（ コンパクト　サポート　エリート　ボイコット ）の道を歩んできたが、一般常識に欠けるところがある。
12. 地震の後、（ ライフスタイル　ライフライン　デマ　ケア ）が完全に復旧したとはいえ、人々の心にはまだ大きな傷が残ったままだ。
13. （ インフラ　デフレ　インフレ　マネー ）で給料が物価高に追いつかず、生活が苦しい。
14. 食事をするときの（ プレー　マナー　マネー　ツアー ）は、国によって違う。

16課　まとめ問題B

1. 食品の製造日などの偽装が相次いで発覚している。これらの事件は、人間の命を支える「食」に携わる企業が a＿＿＿＿＿＿＿＿ をなくし、利潤のみを追求した結果、起きたものだろう。最初はほんの少しのつもりだったのが、だんだん b＿＿＿＿＿＿＿＿ して、非常に悪質な偽装に至ってしまったようだ。企業には、製品作りの様々な c＿＿＿＿＿＿＿＿ が蓄積されているが、偽装のやり方まで次の担当者に引き継がれたこともあったという。伝統もあり、業界で大きな d＿＿＿＿＿＿＿＿ を占める企業が、これまで築き上げてきた信頼を失うという e＿＿＿＿＿＿＿＿ を冒してまで、やらなければならなかったことなのか。今までその企業を信用して買い求めていた消費者の心は完全に裏切られたことになる。偽装した商品のために、その会社の全商品が f＿＿＿＿＿＿＿＿ されるのは当然だ。また、これらの会社が食品業界全体に不信の目を向けさせた罪は大きい。

   ┌─────────────────────────────────────┐
   │ エスカレート　シェア　ノウハウ　ボイコット　モラル　リスク │
   └─────────────────────────────────────┘

2. 先日Ｎ県で大地震があった。毎日現地の生々しい映像が流され、私は、自分の故郷ということもあり、テレビから目が離せなかった。近所の人達の協力で、倒れた家の下から救出された人がかなりいたことを知り、地域の a＿＿＿＿＿＿＿＿ のつながりの大切さが分かった。また、無償で働く b＿＿＿＿＿＿＿＿ の熱心な活動に感激したり、避難所での不自由な生活にもかかわらず、譲り合って暮らす c＿＿＿＿＿＿＿＿ のよさに驚いたりもした。そんな姿を見るにつけ、一日も早く d＿＿＿＿＿＿＿＿ が復旧することを願わずにはいられなかった。そして、住民が早く立ち直って、将来への e＿＿＿＿＿＿＿＿ を描けるようになってほしいと思う。私の住んでいるこの地方は、近い将来地震があるだろうと言われ、新聞、ラジオで水や食料の備蓄を呼びかける f＿＿＿＿＿＿＿＿ が度々あるが、被災地の様子を見て、やはり準備しておくべきだと思った。

   ┌─────────────────────────────────┐
   │ キャンペーン　コミュニティー　ビジョン   │
   │ ボランティア　マナー　ライフライン   │
   └─────────────────────────────────┘

17課 ビジネス

1 エキスパート

expert　专家　엑스퍼트, 전문가　chuyên gia

・彼はコンピューターのエキスパートとして、その仕事を任されている。

2 オフィス

office　办公室、办事处　오피스　văn phòng

・東京駅の周辺には大企業のオフィスが多い。

3 カット（～する）

cut　削減　컷 [컷하다, 줄다, 깎이다]　sự cắt giảm [cắt giảm]

・賃金カットに反対して、従業員が会社の前に座り込んでいる。
・アルバイトの時給がカットされ、生活が苦しくなった。

4 キャリア（～を生かす　～を積む）

career　经历　커리어, 경력　sự nghiệp

・彼女はキャリアを生かして、より有利な職場に転職した。

5 コスト（～がかかる　～を抑える）

cost　成本　코스트, 비용　chi phí

・商品の値段を決めるときは、まずコストから計算しなければならない。

6 コンセプト

concept　出发点、构思　콘셉트　khái niệm

・この製品は、「使いやすさを第一に」というコンセプトで作られた。

7 スキル（～が上がる　～を上げる）

skill　本领　스킬, 기술　kỹ năng

・秘書を目指しているので、そのためのスキルを身に付ける勉強をしている。

8 ターゲット

target　目标、対象　타깃, 목표, 대상　mục tiêu, đối tượng

・この服は30代の働く女性をターゲットにして作られた。

9 ニーズ

needs　需求　니즈, 요구, 수요　nhu cầu

・中高年の客のニーズにこたえて、歩きやすい靴を作った。

10 ノルマ（～がある　～を課す　～を達成する）

quota　定額　노르마 (달성량, 노동량, 책임량)　chỉ tiêu

・この会社の営業部員には、1か月に一人2台の車を売るというノルマがある。

11 プレゼンテーション（～する）

presentation [give a presentation]　提示、说明　프레젠테이션 [프레젠테이션하다]
sự trình bày, sự thuyết trình [trình bày, thuyết trình]

・新商品のプレゼンテーションを、部長の前でしなければならない。
・新しい企画を通すために、会議でプレゼンテーションした。

12 プロジェクト

project　课题（计划）　프로젝트　dự án

・彼は新製品開発のプロジェクトに取り組んでいる。

13 ベテラン

veteran　老手、行家　베테랑　người kỳ cựu, lão làng

・彼は勤続40年のベテランなので、定年後も新人の指導をしている。

14 ベンチャー

venture (business)　风险事业　벤처　(doanh nghiệp) khởi nghiệp

・大企業では採用されないような企画も、少数精鋭のベンチャー企業ならすぐに実行に移せる。

15 ボーナス

bonus　奖金　보너스　tiền thưởng

・今年は業績がよかったので、月給4か月分のボーナスが支給された。

16 ポスト

①

post, position　职位　포스트, 지위　vị trí

・彼は次期社長のポストをねらっている。

②

post-　其后的、下届的　차기　đời sau

・アメリカ政界で、彼はポスト「クリントン」として期待されていた。

17 マーケット

market　市场　마켓, 시장　thị trường

・商社は常に新しいマーケットを開拓するため、世界中に目を向けている。

18 マネジメント

management　经营、管理　매니지먼트（효과적인 경영을 위한 체계적 일처리）
sự quản lý, sự điều hành

・企業には、技術者だけでなく、マネジメント能力のある人材が必要だ。
・社長の父について、マネジメントの勉強をしている。

19 メーカー

maker　厂家、厂商　메이커　nhà sản xuất

・各自動車メーカーは競って環境に優しい車を開発している。

20 ユーザー

user　用户　유저, 사용자　người tiêu dùng, người sử dụng

・ユーザーの声を反映して、製品を改良した。

21 リサーチ（〜する）

research　調査　리서치 [리서치하다]　sự nghiên cứu, sự điều tra [nghiên cứu, điều tra]
・消費者リサーチの結果を受けて、商品開発をした。
・学生の生活動向をリサーチして、企画書を書いた。

22 リスト

list　名单、名簿、目录　리스트　danh sách
・会社の取引先リストを見て、新製品の案内を出した。

23 リストラ（〜する）

restructuring (leading to people becoming redundant) [make redundant]　裁员
구조조정 [구조조정하다]　sự tái cơ cấu [tái cơ cấu]
・わが社は業績が落ち込み、社員のリストラが避けられない状況になっている。
・不景気で中高年が会社をリストラされることが多い。

参考

オファー（〜する）　offer, proposal [offer, propose]　提示、提出　제안 [제안하다]
　　　　　　　　　sự đề xuất, sự đề nghị [đề xuất, đề nghị]

コンプライアンス　compliance　遵纪守法
　　　　　　　　　컴플라이언스（법령, 사회규범, 윤리를 지키는 것）
　　　　　　　　　sự tuân thủ (quy định)

タイアップ（〜する）　tie-up [tie up]　合作　타이 업 (제휴) [타이 업하다]
　　　　　　　　　sự liên kết, sự hợp tác [liên kết, hợp tác]

パート　part-time　小时工　파트타임　công việc bán thời gian

フリーランス　freelance　自由职业　프리랜서　công việc tự do

フルタイム　full-time　全职　풀타임　công việc toàn thời gian

フレックスタイム　flextime　弹性工作时间　자유근무시간제
　　　　　　　　　chế độ giờ làm việc tự do

問題 ステップI

1～6

エキスパート　オフィス　カット　キャリア　コスト　コンセプト

1. 原料が値上がりしたため、同じ製品を作るのに前より＿＿＿＿＿＿＿＿＿＿がかかるようになった。
2. あの医師は心臓手術の＿＿＿＿＿＿＿＿＿＿なので、外国からも患者が訪れる。
3. 無駄な経費を＿＿＿＿＿＿＿＿＿＿するために、今までの支出を見直そう。
4. このゲームは「家族で遊ぼう」を＿＿＿＿＿＿＿＿＿＿にして作られた。
5. 小さな＿＿＿＿＿＿＿＿＿＿から出発したが、今では自社ビルを持つまでになった。
6. ＿＿＿＿＿＿＿＿＿＿を生かして、彼は給料の高い職場に移った。

7～12

スキル　ターゲット　ニーズ　ノルマ　プレゼンテーション　プロジェクト

1. 50万円売り上げて、今月の＿＿＿＿＿＿＿＿＿＿を果たした。
2. この商品は忙しいサラリーマンの＿＿＿＿＿＿＿＿＿＿に合っている。
3. コンピューターの＿＿＿＿＿＿＿＿＿＿を上げるために、研修会に参加した。
4. 新入社員研修で＿＿＿＿＿＿＿＿＿＿の仕方をみんなの前で練習させられた。
5. 社運をかけた大型＿＿＿＿＿＿＿＿＿＿がついに始まった。
6. この店は、高校生を＿＿＿＿＿＿＿＿＿＿にした品物がたくさんある。

13～17

```
ベテラン    ベンチャー    ボーナス    ポスト    ポスト    マーケット
```

1. 大学生が今までにない発想で＿＿＿＿＿＿＿＿企業を作って成功した。
2. 新社長の＿＿＿＿＿＿＿＿をめぐって、田中氏と山本氏が争っている。
3. 彼は経験を積んだ＿＿＿＿＿＿＿＿の税理士なので、税金については安心して任せられる。
4. 夏の＿＿＿＿＿＿＿＿が出たら、彼女と海外旅行に行きたい。
5. 中国という巨大な＿＿＿＿＿＿＿＿に、各国の企業は競って進出している。
6. 次期首相、＿＿＿＿＿＿＿＿小泉は誰かと当時話題を呼んだものだ。

18～23

```
マネジメント    メーカー    ユーザー    リサーチ    リスト    リストラ
```

1. 企業にとって、自社の製品を使っている＿＿＿＿＿＿＿＿の意見は貴重だ。
2. 入社したばかりのころは取引先の＿＿＿＿＿＿＿＿を見て、会社名と担当者の名前を覚えたものだ。
3. 会社を経営するには、＿＿＿＿＿＿＿＿の勉強をしなければならない。
4. 新しく店を出すことになり、まずは競争店の＿＿＿＿＿＿＿＿を行った。
5. 突然会社を＿＿＿＿＿＿＿＿されて、生活に困っている。
6. 大手の電機＿＿＿＿＿＿＿＿に就職できて、両親は喜んでいる。

問題 ステップⅡ

```
エキスパート    オフィス    カット    キャリア    コスト    コンセプト
スキル    ターゲット    ニーズ    ノルマ    プレゼンテーション    プロジェクト
```

1. 中高生向けの商品なので、できるだけ_____を抑えて安い値段で売り出したい。
2. 外資系企業では英語で商談できる_____が必要とされている。
3. 広告の依頼を受けて、企画案を顧客の前で_____した。
4. 彼は地雷撤去の_____として、世界各地で活動をしている。
5. この店では客の_____にこたえて、足に合わせて左右違うサイズの靴を買えるようにした。
6. 景気回復はまだまだという声もあるが、裕福な中高年を_____にした高級品が各分野でよく売れている。
7. 大きな弁護士事務所で10年_____を積んで、独立した。
8. 業績が悪いので、全社員一律に給料が10%_____された。
9. _____の冷房は28度くらいに設定するのが環境によいそうだ。
10. わが社は「動きやすい、おしゃれな服」という_____で商品を展開している。
11. 長年、地域住民が待っていた駅前再開発_____が、いよいよ始まった。
12. この会社では1か月の売り上げの_____を達成できない社員は、翌月の給与を減らされる。

> ベテラン　ベンチャー　ボーナス　ポスト　ポスト　マーケット
> マネジメント　メーカー　ユーザー　リサーチ　リスト　リストラ

13. 国内の需要が減った以上、海外の＿＿＿＿＿＿＿＿を開拓していかなければならない。
14. 大学の優れた研究を商品化する＿＿＿＿＿＿＿＿企業が増えている。
15. 旅行に必要な物の買い物＿＿＿＿＿＿＿＿を作った。
16. 新しいお弁当を売り出すために、消費者の好みを徹底的に＿＿＿＿＿＿＿＿した。
17. 買ってもらった自動車の調子を聞くために、時々＿＿＿＿＿＿＿＿を訪ねている。
18. 有能な彼は、＿＿＿＿＿＿＿＿宮沢社長と言われ、社の内外から期待が大きい。
19. 会社の業績が上がるかどうかは、経営陣の＿＿＿＿＿＿＿＿能力次第だ。
20. 初めての＿＿＿＿＿＿＿＿をもらったので、両親に何かプレゼントするつもりだ。
21. 一つでも上の＿＿＿＿＿＿＿＿に就くための出世競争をするのが嫌になった。
22. 彼は運転歴30年という＿＿＿＿＿＿＿＿のタクシー運転手だ。
23. 会社を＿＿＿＿＿＿＿＿されたのを機に、故郷へ戻って農業を始めた。
24. 不良品を出したある家電＿＿＿＿＿＿＿＿はその回収のために、テレビや新聞に広告を出し続けた。

17課　まとめ問題A

1. A社の人気商品に対抗するため、わが社は優秀な人材を集めて（　コンセプト　プロジェクト　コンパクト　デリケート　）チームを組み、新しい商品を開発することになった。
2. 会社の経営が悪化して、残業代が（　カルテ　ピント　ガイド　カット　）された。
3. 残された少量の血液から、科学捜査の（　ジャーナリスト　エコノミスト　エキスパート　ゲスト　）がDNAを調べて、容疑者を特定した。
4. 新しく店を出すときは、その地域の（　ルーズ　ニーズ　リサーチ　コーチ　）を調べる必要がある。
5. 保険会社のA社は毎月の（　ジレンマ　コーナー　オーダー　ノルマ　）は厳しいが、その分給料がよい。
6. 彼は客室乗務員歴20年の（　ベテラン　レギュラー　アマチュア　ベンチャー　）なので、緊急時に冷静に乗客を避難させることができた。
7. わが社は商品の価格を抑えるために、常に（　コラム　コンタクト　コスト　テクニック　）削減に取り組んでいる。
8. 彼は従業員の（　ポスト　マーケット　マネジメント　ルート　）をする立場なので、気が休まるときがない。
9. 来月から一人暮らしを始めるので、必要な物を（　リスク　リストラ　リスト　ピント　）にしてみた。
10. 資格を取っても（　パワー　キャリア　オフィス　プロ　）を積まなければ、一人前の仕事はできない。
11. 営業成績を上げるためには、話し方や応対の（　スタイル　スキル　ヒント　アナウンサー　）を向上させるとよい。
12. 新しいパソコンを買って（　ユーザー　ユーモア　ブレーキ　ムード　）登録をした。
13. さすが一流（　マスコミ　オーダー　メーカー　オフィシャル　）だけあって、苦情に対する対応が早い。
14. このテレビ番組は若者を（　ディスカウント　ターゲット　コンセント　プライベート　）にして作られたが、中高年にも人気がある。

17課　まとめ問題B

1. わが社はカップラーメンの業界に新規参入することにした。その道のa＿＿＿＿＿＿＿＿といわれる人を社に迎え、b＿＿＿＿＿＿＿＿を組んで商品の開発に取り組むことにした。まず、消費者のc＿＿＿＿＿＿＿＿を調査することから始めた。既存のd＿＿＿＿＿＿＿＿各社は味の多様さを売り物にしているが、わが社は調査結果を生かし、健康志向でいくことにした。e＿＿＿＿＿＿＿＿を女性やダイエットをしている人に絞り、多品目の野菜、きのこ、海藻類を入れて、塩分は極力f＿＿＿＿＿＿＿＿した。また、肉の代わりに大豆でできた具を入れ、健康に配慮しつつも満腹感を得られるようにした。更に様々な工夫を加え、やっと納得できるものが完成した。後は最近の原材料の値上がりの中、いかにg＿＿＿＿＿＿＿＿を抑えるかが課題だ。

   ┌─────────────────────────────────────┐
   │　エキスパート　　カット　　コスト　　ターゲット　│
   │　ニーズ　　プロジェクト　　メーカー　　　　　　　│
   └─────────────────────────────────────┘

2. 子供のころから服作りに興味があり、服飾関係の専門学校に進んだ。卒業後、望みがかない、銀座にa＿＿＿＿＿＿＿＿を構えるA社に就職できたときは、本当にうれしかった。しかし、企画デザイン部には配属されず、営業部に回された。年に数回、顧客を呼んで新作発表会が行われる。これは会社の業績にかかわる大事なものだ。徹底的にb＿＿＿＿＿＿＿＿し、時代を先取りして、新しい流行を作り出していかなければならない。1年目は上司の指示通り動くのが精一杯の私だったが、何もかも目新しく、営業部の仕事はとてもよい経験になった。しかし、いつか服作りができる日を夢見て、休みの日にはデザイン画や縫製技術など服作りのc＿＿＿＿＿＿＿＿をひたすら磨いた。こうして3年があっという間に過ぎた。ある日、社内のデザイン画募集に応募したところ、社長に認められ、企画デザイン部に移ることができた。わが社は今後、購買力のある30代女性を対象に「上質な生活を」というd＿＿＿＿＿＿＿＿で、服だけでなく雑貨、小物などの商品を展開していく。婦人物のe＿＿＿＿＿＿＿＿は大きい。ここで頑張ってf＿＿＿＿＿＿＿＿を積んで、ゆくゆくは独立したいと思っている。

   ┌───┐
   │　オフィス　　キャリア　　コンセプト　　スキル　　マーケット　　リサーチ　│
   └───┘

18課　入学・卒業・就職

1　アカデミック（～な）

academic　　学术、学究　　아카데믹하다, 학구적이다　　mang tính học thuật

・A市は大学や研究所が多く集まっているアカデミックな雰囲気の都市だ。

2　オリエンテーション（～がある　～を開く）

orientation　　（给新生、新职工办的）学习班、说明会　　오리엔테이션　　buổi giới thiệu (đầu khóa học)

・入学式の後、オリエンテーションでこれからの大学生活の説明があった。

関　ガイダンス　guidance　　指导活动、辅导活动　　가이던스　　sự chỉ đạo, sự hướng dẫn

3　コース

①

course　　课程、学科　　코스, 과정　　khoá học

・あの大学では3年生になると、理学部は理科1と理科2のコースに分かれる。

②

course, route　　路线　　코스　　tuyến đường

・案内書を見て、体力に合った登山コースを選んだ。

4　コネ

connection　　门路　　연줄, 커넥션　　mối quan hệ

・就職難でも、コネを使わず実力で就職したい。

5　スタート（～する　～を切る）

start　　开始、出发　　스타트[스타트하다]　　sự bắt đầu [bắt đầu]

・今日、待ちに待った大学生活のスタートを切った。
・日本の新学期は4月にスタートする。
・東京マラソンでは、3万人の市民が都庁前からスタートした。

6 スピーチ speech　演讲　스피치　bài diễn văn, diễn thuyết

・入学式でのスミス学長のスピーチは素晴らしかった。

7 パス

① （〜する）

passing [pass]　及格、通过　패스 [합격하다, 패스하다]　việc thi đỗ [đỗ]

・卒業論文を2度書き直して、やっと審査にパスした。

② （〜する）

passing up [pass up]　不参加、辞退　결석 [결석하다, 빠지다]　sự bỏ qua [bỏ qua]

・今度のクラスの集まりは忙しいのでパスします。

8 ランキング

ranking　名次　랭킹　việc xếp hạng, bảng xếp hạng

・新聞に大学生が就職したい企業の1位から10位のランキングが発表された。

9 ランク （〜が高い　〜が低い）

rank　等级、顺序　랭크, 등급　thứ hạng

・成績が上がり、1ランク高い大学を受験することになった。

| 参考 | インターンシップ　internship　实习　인턴십　thực tập

エントリー（〜する）　application [apply]　报名　엔트리 (신청) [엔트리하다]
　　　　　　　　　　việc đăng ký tham gia [đăng ký tham gia]

リクルートスーツ　suit for job interviews　应聘套装　리쿠르트 (취업활동, 구인)
　　　　　　　　　bộ vét mặc khi đi xin việc

問題 ステップI

1～4

```
アカデミック    オリエンテーション    コース    コース    コネ
```

1. 大学に入ると、新入生向けの＿＿＿＿＿＿＿＿＿＿がある。
2. 私は大学では建築を勉強したいので、高校では理系＿＿＿＿＿＿＿＿＿＿を選ぶつもりだ。
3. A大学は建物にも＿＿＿＿＿＿＿＿＿＿な雰囲気が漂っている。
4. 最近、就職は＿＿＿＿＿＿＿＿＿＿より実力がなければ成功しない。
5. このハイキング＿＿＿＿＿＿＿＿＿＿は初心者向けだ。

5～9

```
スタート    スピーチ    パス    パス    ランキング    ランク
```

1. クラスの自己紹介で、一人1分間ずつ＿＿＿＿＿＿＿＿＿＿をした。
2. テストの結果が悪かったので、受験校の＿＿＿＿＿＿＿＿＿＿を下げるように先生に言われた。
3. 就職活動中の山中さんは、A社の一次面接に＿＿＿＿＿＿＿＿＿＿した。
4. T社は今年の就職したい人気企業の＿＿＿＿＿＿＿＿＿＿で1位になった。
5. 新入生歓迎会には出席しますが、次の日、朝早いので二次会は＿＿＿＿＿＿＿＿＿＿します。
6. 夏休みが終わり、いよいよ今日から新学期が＿＿＿＿＿＿＿＿＿＿する。

問題 ステップⅡ

```
アカデミック   オリエンテーション   コース   コース   コネ
スタート   スピーチ   パス   パス   ランキング   ランク
```

1. 100メートル競走では_____の一瞬の遅れが結果を決める。
2. 日本語の_____大会に出るので、原稿を書かなければならない。
3. 北京大学との交換留学生選考試験に_____したので、うれしい。
4. 強力な_____でもなければ、そんな有名人には会えませんよ。
5. その年に生まれた赤ちゃんの名前の人気_____が発表された。
6. 先生と相談して_____の違う3つの大学を受けることにした。
7. 日本語学校の初日には_____があって、学校の規則や授業についての説明があった。
8. この観光専門学校では、旅行とホテルに_____が分かれている。
9. B出版社は_____な本をたくさん出版していることで有名だ。
10. みんなで海に行こうと誘われたが、体調が悪いので_____した。
11. 今度の台風8号は台風3号と同じ_____を取っている。

19課 論文・討論・研究活動

1 アプローチ

① （～する）　approach　研究、探討　어프로치 [어프로치하다]　sự tìm hiểu [tìm hiểu]
・研究は、アプローチの仕方によってはうまく進まないことがある。
・研究課題に、どのようにアプローチするか検討した。

② （～する）　approach　接近、靠近　접근 [접근하다]　sự tiếp cận [tiếp cận]
・A社に就職したいと思い、2年前に入社した大学の先輩にアプローチした。

2 グラフ（～にする　～をかく　～を読む）

graph　图表　그래프　biểu đồ
・ここ10年の平均気温の変化を、グラフにしてまとめた。

3 ゼミ

seminar-style class　（大学的）研究班　제미나르（대학의 연구모임）
buổi học có diễn thuyết về một chủ đề
・田中教授のゼミは課題が多いことで有名だ。

4 セミナー（～に参加する　～を開く）

seminar　研讨会　세미나　khóa học chuyên đề, xê-mi-na
・これからのアジア経済について勉強するために、セミナーに参加した。

5 タイトル

title　題目　타이틀　tiêu đề
・論文の表紙にはタイトルと氏名を書いてください。

6 ディスカッション（～する）

discussion [discuss]　讨论　토론 [토론하다]　cuộc thảo luận [thảo luận]
・鈴木教授の授業は学生のディスカッションを中心に進められる。
・学生達は少子化問題について、英語でディスカッションした。

7 ディベート（〜する）

debate　辩论会　디베이트（토론회, 대립토론）[디베이트하다]　cuộc tranh luận [tranh luận]

・賛成派・反対派に分かれて討論するディベートは頭の訓練になる。
・学生は核兵器の必要性について、ディベートした。

8 データ（〜を集める　〜を読む）

data　数据　데이터　dữ liệu

・家屋の耐震強度のデータを集めるために実験している。

9 テーマ

theme　题目　테마　chủ đề

・卒業論文のテーマは「農業経営の効率化」にするつもりだ。

10 プロセス（〜を経る）

process　过程　프로세스, 과정　quá trình

・研究結果だけでなく、そこに至るプロセスも発表できればと思う。

11 ミーティング（〜がある　〜に参加する　〜を開く）

meeting　会议、开会　미팅, 회의　cuộc họp

・来年度の共同研究の進め方について、明日ミーティングがある。

12 レジメ（〜を配る　〜を作る）

résumé　梗概、提纲　레쥐메（요약, 개요）　bản tóm tắt

・学会の発表で参加者に配るために、要点を整理してレジメを作った。

13 レポート（〜を書く　〜を出す）

paper, report　报告、研究报告　리포트　báo cáo

・木村教授の授業は毎回レポートを出さなければならないので大変だ。

問題 ステップI

1～6

> アプローチ　アプローチ　グラフ　ゼミ
> セミナー　タイトル　ディスカッション

1. 就職したい企業には、早めに＿＿＿＿＿＿＿＿＿＿したほうがいい。
2. 山田先生の＿＿＿＿＿＿＿＿＿＿では、毎回学生に発表させる。
3. 論文を書く際には、参考文献の＿＿＿＿＿＿＿＿＿＿と出典を正確に書いてください。
4. 見やすいように、5年間の失業率の変化を＿＿＿＿＿＿＿＿＿＿に表した。
5. 田中先生の授業では、課題について学生達が＿＿＿＿＿＿＿＿＿＿する。
6. 最初はこの研究にどう＿＿＿＿＿＿＿＿＿＿したらいいか悩んだ。
7. 夏季＿＿＿＿＿＿＿＿＿＿に参加して、労働問題について勉強した。

7～13

> ディベート　データ　テーマ　プロセス
> ミーティング　レジメ　レポート

1. 課題になっている論文を読んで、今週中に教授に＿＿＿＿＿＿＿＿＿＿を提出しなければならない。
2. 駅前再開発のために、交通量の＿＿＿＿＿＿＿＿＿＿を集めている。
3. 来週の学会の発表について、研究室で＿＿＿＿＿＿＿＿＿＿がある。
4. 「日本人の美意識」を＿＿＿＿＿＿＿＿＿＿に論文を書くことにした。
5. 来週の研究会で発表するので、短く要点をまとめて＿＿＿＿＿＿＿＿＿＿を作った。
6. 長い＿＿＿＿＿＿＿＿＿＿を経て、エイズの新薬が開発された。
7. 安楽死について、みなさんに＿＿＿＿＿＿＿＿＿＿してもらいますから、中央から右は賛成派、左は反対派になってください。

問題 ステップⅡ

> アプローチ　アプローチ　グラフ　ゼミ　セミナー　タイトル
> ディスカッション　ディベート　データ　テーマ　プロセス
> ミーティング　レジメ　レポート

1. これらの研究は目指すものは同じだが、＿＿＿＿＿＿＿＿の仕方は違う。
2. 月に1度の営業所の＿＿＿＿＿＿＿＿では、いつも高橋主任が一人でしゃべっている。
3. 今年の入試に関する＿＿＿＿＿＿＿＿を集め、来年の対策を立てる。
4. 卒業文集の＿＿＿＿＿＿＿＿をクラス全員で考えた。
5. 彼の研究の＿＿＿＿＿＿＿＿は、たばこが人体に及ぼす影響です。
6. 研究の結果だけでなく、ここまで頑張ってきたその＿＿＿＿＿＿＿＿も評価したい。
7. 英会話の授業で＿＿＿＿＿＿＿＿があり、私は賛成派になって意見を言った。
8. ビールの市場調査の結果をまとめて、上司に＿＿＿＿＿＿＿＿を提出しなければならない。
9. 発表者はA4、1枚に要点をまとめて＿＿＿＿＿＿＿＿を作り、配ってください。
10. 私は小林先生の金融論の＿＿＿＿＿＿＿＿を取っている。
11. A社の入社試験は「働く意義」について、数人で＿＿＿＿＿＿＿＿するものだった。
12. アルバイトをしている学生数の推移が、この棒＿＿＿＿＿＿＿＿で分かる。
13. 合同就職＿＿＿＿＿＿＿＿に参加して、数社の案内書をもらった。
14. 彼はアルバイト先で会ったA子さんに積極的に＿＿＿＿＿＿＿＿した。

18課・19課　まとめ問題A

1. 先生は物価の上昇を表す（　クイズ　グラフ　バブル　ライブ　）を見せながら講義した。
2. 私は（　タイトル　トータル　トラブル　マニュアル　）の面白さで読む本を選ぶことが多い。
3. 失敗しても失敗に至った（　プライド　プロ　プログラム　プロセス　）をよく見直せば、次回の成功につながる。
4. この専門学校で取れる資格は入学（　オリエンテーション　フィクション　コミュニケーション　プレゼンテーション　）で、詳しく説明します。
5. 金曜日までに山下教授に（　リード　ルート　レトルト　レポート　）を提出しないと、成績が悪くなる。
6. 夏休みには金子先生の（　コネ　ゼミ　ケア　デマ　）合宿に参加することにしている。
7. 入社試験は筆記試験も面接も（　セーフ　パス　ロス　データ　）し、残るは健康診断だけだ。
8. 大学では、企業ではなかなかできない（　アイデンティティー　アカデミック　アドバイス　アンケート　）な研究が行われている。
9. 最近、投資（　セミナー　センサー　センス　セール　）に参加する女性達が増えている。
10. ホテルの（　リスト　ランク　リスク　ルート　）は星の数で表されているので、旅行者は分かりやすい。
11. 交換留学生に選ばれ、9月から日本での生活が（　クール　スタート　スタイル　ランキング　）する。
12. 環境問題について（　プレゼンテーション　コンディション　ディスカウント　ディスカッション　）して、意見を出し合った。
13. 私の大学は、理学部に4つの（　データ　ルート　コース　コーナー　）があり、私は生物学を選んだ。
14. 研究課題にどんな方向から（　アシスタント　アクセサリー　アプローチ　アイデンティティー　）するか、みんなで検討した。

18課・19課 まとめ問題B

1. 念願かなって希望の大学に合格し、今日から大学生としてa＿＿＿＿＿＿＿を切った。さすがA大学は一流大学だけあって、b＿＿＿＿＿＿＿な雰囲気がある。入学式では新入生代表のc＿＿＿＿＿＿＿があった。大学生活への抱負にあふれた素晴らしいもので、胸を打たれた。その後d＿＿＿＿＿＿＿があり、大学生活についての説明があった。3年生から専門科目のe＿＿＿＿＿＿＿が始まるそうだ。経済学部で一番人気があるのは山田教授だそうだが、毎回f＿＿＿＿＿＿＿提出があり、厳しいらしい。先輩の話では人気のある企業に就職したいなら、幅広く勉強したほうがいいということだ。また、この大学には修士課程もあるため、勉強したいg＿＿＿＿＿＿＿を選んで、より深く学ぶことができる。これからの4年間で自分の可能性を探り、就職するか進学するか決めたいと思う。

   ```
   アカデミック    オリエンテーション    コース
   スタート    スピーチ    ゼミ    レポート
   ```

2. 来週は初めての研究発表をする。a＿＿＿＿＿＿＿は老人問題だ。私は高齢者の介護問題を取り上げることにした。しかし、どのようにb＿＿＿＿＿＿＿したらいいか分からず、先生に相談した。その結果、実際に介護施設を訪問したり、介護している人、介護されている人に会って話を聞いたりした。更に、いろいろな本も読み、c＿＿＿＿＿＿＿をたくさん集めて研究をまとめた。ここまで頑張ってきたd＿＿＿＿＿＿＿を無駄にしないように、いい発表をしたいと思う。みんなに配るe＿＿＿＿＿＿＿は分かりやすく書いた。発表後のf＿＿＿＿＿＿＿では、みんなからどんな意見が出るか心配だが、高齢者の介護は私達の将来の問題でもあるから、この発表でみんなの関心が高まれば、と思う。

   ```
   アプローチ    ディスカッション    データ
   テーマ    プロセス    レジメ
   ```

20課 授業・テスト

1 アンダーライン（～を引く）

underline　字下线　언더라인, 밑줄　đường kẻ dưới, đường gạch chân

・忘れないように、大切なところにはアンダーラインを引いておきなさい。

2 ウェート（～を置く）

weight, emphasis　重点　웨이트, 중점　trọng tâm

・留学試験に合格するために、苦手な聴解にウェートを置いて勉強しよう。

3 カリキュラム（～を組む）

curriculum　全部课程的教学计划　커리큘럼　chương trình giảng dạy

・大学案内のカリキュラムを見て、受験する学科を決めた。

4 カンニング（～する）

cheating [cheat]　作弊　커닝 [커닝하다]　hành vi quay cóp [quay cóp]

・期末試験で先生にカンニングが見つかって、退場させられた。
・この学校ではカンニングしたら、0点にします。

5 キーワード（～を探す　～を見つける）

keyword　关键词句　키워드　từ khoá

・文章を理解するために、キーワードになっている言葉を探しましょう。

6 ステップ（～を踏む）

step　阶段　스텝, 단계　bước

・語学はステップを踏んで進んでいかなければ、上達しない。

7 チェック（～する　～を入れる）

check　　核对　　체크［체크하다］　　sự kiểm tra [kiểm tra]

・先生はいつも間違い部分に赤鉛筆でチェックを入れてから、作文を返してくれる。
・問題を解いた後、よくチェックしてから提出してください。

8 トップ

top　　第一、首位　　톱　　vị trí đứng đầu

・文法のテストでは、彼はいつもクラスでトップだ。

関　トップクラス　top class　　最高层、最高级　　톱클래스　　hàng đầu

9 ネイティブ

native speaker　　以～为母语的人　　네이티브，원어민　　người nói tiếng mẹ đẻ, người bản ngữ

・私の大学では、外国語はすべてネイティブの先生が教えている。

10 プリント（～を配る）

handout　　印刷品　　프린트　　tài liệu in, bản sao, bản in

・先生が全員に練習問題のプリントを配った。

関　プリントアウト（～する）　printout [print out]　　打印
　　프린트 아웃（출력）［프린트 아웃하다］
　　dữ liệu in ra [in dữ liệu]

11 ベース

base, foundation　　基础　　베이스　　cơ sở, nền tảng

・国で6か月勉強してきた日本語がベースとなり、中級クラスに入れた。

12 ペース

pace　　速度　　페이스　　tốc độ, nhịp độ, nhịp tiến

・私は漢字を1日二つのペースで覚えて、1年間で約700も覚えた。

関　マイペース　one's own pace　　自己的做法、自己的速度　　마이 페이스
　　tốc độ của bản thân, nhịp độ của bản thân

13 ポイント

① （～を押さえる）

point　要点　포인트　điểm chính

・作文は一番言いたいポイントを押さえて書きなさい。

②

point, score　得分、分数　포인트, 점수　điểm (số)

・A店で買い物すると、100円で1ポイントもらえる。

14 マーク

① （～する　～を付ける）

mark　标志、作记号　마크 [마크하다]　dấu [đánh dấu]

・テストに出そうなところに、マークを付けておく。
・正しい答えの記号にマークしてください。

② （～する）

keep an eye on　盯人、尾随　마크 [마크하다, 눈여겨 보다]　sự chú ý, sự lưu ý [chú ý, lưu ý]

・彼はその事件の容疑者として、半年も前から警察にマークされていた。
・A社は前から就職したいとマークしていた会社だ。

15 マスター （～する）

master　掌握　마스터 [마스터하다]　sự thành thạo [thành thạo]

・3年間フランスに留学して、フランス語をマスターした。

16 ミス （～する）

mistake [make a mistake]　错误、差错　미스, 실수 [미스하다, 실수하다]　lỗi [mắc lỗi]

・作文を書き終わった後で見直したら、漢字のミスが見つかった。
・数学のテストで、分かっているのに計算ミスしてしまった。

17 ライン （～に達する　～に届く）

line, mark　标准线　라인　tiêu chuẩn, mức

・今度の試験の合格ラインは、400点満点中の280点です。

18 レベル (～が上がる　～が下がる　～が高い　～が低い)

level　水平　레벨　cấp độ

・このクラスの授業では、日本語能力試験N1レベルの教科書を使います。

参考　スクーリング　schooling, classroom instruction　（函授教育的）面授指导课程
스쿨링（통신교육의 교실대면수업）
tiết học trên lớp (trong chương trình học từ xa)

ヒヤリング　listening comprehension　听力　히어링　việc nghe

フィードバック（～する）　feedback [give feedback]　回复、反馈　피드백 [피드백하다]
sự phản hồi [phản hồi]

問題 ステップ I

1 ～ 7

> アンダーライン　ウェート　カリキュラム
> カンニング　キーワード　ステップ　チェック

1. ＿＿＿＿＿＿＿＿が見つかり、先生にテスト用紙を取り上げられたことがある。
2. 文章の＿＿＿＿＿＿＿＿が分かれば、内容が理解しやすくなる。
3. アメリカ留学を目指して、英語に＿＿＿＿＿＿＿＿を置いて勉強している。
4. 教科書の覚えなければいけない部分に＿＿＿＿＿＿＿＿を引いた。
5. この専門学校の＿＿＿＿＿＿＿＿では、1年生からホテルでの実習が組まれている。
6. 勉強もスポーツも一歩一歩＿＿＿＿＿＿＿＿を踏んでいかなければならない。
7. 入学願書に間違いがないか、もう一度＿＿＿＿＿＿＿＿してください。

8 ～ 13

> トップ　ネイティブ　プリント　ベース　ペース　ポイント　ポイント

1. 初級は日本語の＿＿＿＿＿＿＿＿だから、しっかり勉強してください。
2. 今回の期末試験は林さんがクラスで＿＿＿＿＿＿＿＿だった。
3. このクラスでは週1回の＿＿＿＿＿＿＿＿で漢字のテストを行います。
4. 500＿＿＿＿＿＿＿＿たまると、1,000円分の商品に交換できます。
5. 夏休みの宿題は＿＿＿＿＿＿＿＿10枚だ。
6. あの語学学校の教師は全員＿＿＿＿＿＿＿＿だ。
7. 小論文のテストは、制限時間内に、＿＿＿＿＿＿＿＿を押さえて、分かりやすく書く必要があります。

14 ~ 18

> マーク　マーク　マスター　ミス　ライン　レベル

1. 今回の試験では、聴解ができなくて合格＿＿＿＿＿＿＿＿に届かなかった。
2. 日本語を＿＿＿＿＿＿＿＿して、日本の企業に就職したい。
3. この日本語クラスは＿＿＿＿＿＿＿＿が高すぎて、授業についていけない。
4. 後で先生に質問したいところに＿＿＿＿＿＿＿＿を付けておこう。
5. 昨日のテストでは、うっかり＿＿＿＿＿＿＿＿をして、10点も引かれてしまった。
6. 彼女は皇太子の結婚相手の候補として、記者達に＿＿＿＿＿＿＿＿されている。

問題 ステップⅡ

```
アンダーライン    ウェート    カリキュラム    カンニング
キーワード    ステップ    チェック    トップ    ネイティブ
```

1. 先生に日本語で書いた論文を_____してもらった。
2. この学校では試験中、学生が_____しないように、二人の教師が教室内を見回るようにしている。
3. _____の引いてあるひらがなを漢字に直しなさい。
4. 企業で_____に立つ人間には世界的な視野が必要だ。
5. 彼は学校の授業より、資格試験の勉強に_____を置いている。
6. 私の学校の_____は選択科目が多く、学生が学びたい科目が選べるようになっている。
7. 書名、著者名だけでなく、内容の_____でも本を探すことができる。
8. 日本語能力試験N3の漢字が85%できたら、次の_____へ進みましょう。
9. 田中先生はイギリス生活が長く、_____と変わらない英語を話す。

```
プリント    ベース    ペース    ポイント    ポイント    マーク
マーク    マスター    ミス    ライン    レベル
```

10. 授業時間が減ったせいで、小学生の学力の_____が下がり、問題になっている。
11. 今の_____では期限までに仕事が終わらない。
12. 授業を休んだので、先生のところへ宿題の_____をもらいに行った。
13. 佐藤先生の講義は_____を黒板に書きながら説明してくれるので、分かりやすい。
14. 卒業テストの合格_____は各教科70点です。
15. 英語を_____して、将来は通訳になりたい。
16. A社は所得申告に不正の疑いがあるとして、税務署に_____されている。
17. パソコンで送信_____をして、違う人にメールを送ってしまった。
18. 今まで研究したことを_____にして、新しい研究を始めようと思っている。
19. 解答用紙の解答欄に_____してください。
20. カードで買い物をしていたら、いつの間にか_____がたまっていた。

21課 課外活動・学生生活

1 イベント

event　集会、活動　이벤트　sự kiện

・大学祭は大学生活の中で、一番大きなイベントだ。

2 キャンパス

campus　校园　캠퍼스　khuôn viên, cơ sở của trường đại học

・このキャンパスは都心にあるのに、緑に囲まれていて本当に素晴らしい。

　関　オープンキャンパス　open campus　校园开放　오픈 캠퍼스
　　　buổi giới thiệu về trường đại học cho thí sinh có nguyện vọng thi

3 グラウンド

ground　运动场、操场　그라운드, 운동장　sân vận động

・グラウンドでは学生達がサッカーをしている。

4 サークル（～に入る）

circle, club　课外活动小组　서클　câu lạc bộ

・大学に入ったらテニスサークルに入って、好きなテニスを楽しみたい。

5 スカラーシップ（～を取る）

scholarship　奖学金　스칼러십, 장학금　học bổng

・成績優秀でまじめなAさんは、大学院進学のために、企業のスカラーシップに応募した。

6 スケジュール（～が決まる　～を決める）

schedule　日程、时间表　스케줄　lịch trình, thời khoá biểu

・今週は、月・火・水・金は大学で、木・土はアルバイトというスケジュールだ。

7 センター

center　中心　센터　trung tâm

・困ったときには、留学生センターに行って相談してください。

8 ハード（～な）

hard, severe　烦重、严格　하드, 힘들다　vất vả

・今のアルバイトはハードだが、時給はいい。
・全国大会に向けて、サッカー部ではハードな練習が毎日続いている。

9 プラス

① （～になる）

plus, advantage　有利、有益　플러스, 도움, 유리함　điểm cộng, có lợi

・日本企業でアルバイトをした経験が、就職してからとてもプラスになった。

② （～する　～になる）

plus, addition [add]　加　플러스[플러스하다]　cộng vào

・成績はテストの点数に授業態度などをプラスして付けます。

10 マイナス

① （～になる）

minus, disadvantage　不利、损失　마이너스, 손실, 불이익　điểm trừ

・中心選手の彼が野球部を辞めることになれば、チームにとって大きなマイナスだ。

② （～する　～になる）

minus, subtraction [subtract]　减　마이너스[마이너스하다]　trừ đi

・答えは正しかったが、漢字を間違えて1点マイナスされた。

| 参考 | シフト　shift　轮班　시프트, 교대근무　ca |

ホームステイ（～する）　homestay [do a homestay, stay with a host family]　寄宿家庭　홈스테이[홈스테이하다]　homestay, sự đi ở trọ [đi ở trọ]

ライブラリー　library　图书馆　라이브러리 (도서관)　thư viện

問題 ステップ I

1～6

> イベント　キャンパス　グラウンド
> サークル　スカラーシップ　スケジュール

1. 「100キロハイキング」はこの大学の秋の大きな＿＿＿＿＿＿＿＿＿＿だ。
2. ＿＿＿＿＿＿＿＿＿＿では高校生達が野球に汗を流している。
3. 大学の＿＿＿＿＿＿＿＿＿＿が郊外に移転して、通学時間が長くなった。
4. 私は英会話の＿＿＿＿＿＿＿＿＿＿に入っている。
5. A財団の＿＿＿＿＿＿＿＿＿＿を取るためには、教授の推薦が必要だ。
6. まだアルバイトの＿＿＿＿＿＿＿＿＿＿が決まっていないので、その日の約束はできない。

7～10

> センター　ハード　プラス　プラス　マイナス　マイナス

1. お正月にアルバイトに行ったら、いつもの日給に2,000円＿＿＿＿＿＿＿＿＿＿してくれた。
2. 学生＿＿＿＿＿＿＿＿＿＿でアパートを紹介してもらった。
3. 夏休みの短期留学は今後の学生生活に＿＿＿＿＿＿＿＿＿＿になるだろう。
4. 作文で、助詞のまちがいは一つにつき1点＿＿＿＿＿＿＿＿＿＿します。
5. 毎日＿＿＿＿＿＿＿＿＿＿なアルバイトをしているので、授業中眠くなってしまう。
6. 運動のしすぎはかえって健康に＿＿＿＿＿＿＿＿＿＿になる。

問題 ステップⅡ

```
イベント    キャンパス    グラウンド    サークル    スカラーシップ
スケジュール    センター    ハード    プラス    プラス    マイナス    マイナス
```

1. ＿＿＿＿＿＿＿＿の右側でサッカー、左側で野球をしている。
2. このラーメン屋では100円＿＿＿＿＿＿＿＿すると大盛りになる。
3. 来週、大学の＿＿＿＿＿＿＿＿対抗の試合があるので、毎日練習がある。
4. 日本の学校では運動会はとても大きな＿＿＿＿＿＿＿＿だ。
5. 私は今＿＿＿＿＿＿＿＿5キロを目指して、ダイエットに励んでいる。
6. 大学の情報＿＿＿＿＿＿＿＿で卒業論文の資料を探した。
7. この大学の＿＿＿＿＿＿＿＿は、校門から講堂へ続く桜並木が有名だ。
8. 勉強もアルバイトも忙しくて、今週は＿＿＿＿＿＿＿＿だった。
9. 彼はEU＿＿＿＿＿＿＿＿で、イタリアへ留学した。
10. 小川さんの話は進路を考えるうえでとても＿＿＿＿＿＿＿＿になりました。ありがとうございます。
11. 出張が入ったので、来週の＿＿＿＿＿＿＿＿の調整をしなければいけない。
12. 自分の出世に＿＿＿＿＿＿＿＿になると分かっていても、時には上司に反対意見を言わなければならないこともある。

20課・21課 まとめ問題A

1. 常に学年で（ トータル　トピック　トップ　トラブル ）だった彼女は、卒業生の代表に選ばれた。
2. 集めた資料を（ ペース　ベース　ウェート　イベント ）にして、企画書を書いた。
3. この学科は授業が（ ソフト　ハード　ハードル　レポート ）なので、睡眠時間も削って勉強しなければならない。
4. 私はテキストの大事なところに赤鉛筆で（ キーワード　アンダーライン　マーク　ランキング ）を引きながら、勉強する。
5. 彼は独学でギターを（ マネー　マスター　マナー　マネジメント ）して、演奏会を開くまでになった。
6. 学生食堂ではA定食に50円（ プレー　プラス　プロジェクト　プリント ）で、コーヒーか紅茶が付く。
7. 私の大学はテニスや合唱や英会話など50以上の（ サンプル　リスク　リストラ　サークル ）がある。
8. 私の日本語の（ レベル　レシピ　レギュラー　レンタル ）で、A大学を受験できますか。
9. 大学の学費を自分で払うために、M社の（ フェスティバル　スケジュール　スカラーシップ　オフィシャル ）に応募した。
10. 学園祭の間、（ キャッチ　キャラクター　キャンセル　キャンパス ）は学生であふれている。
11. せっかく社員として採用しても、3、4年で辞められてしまうと会社にとって（ アピール　マイナス　ウイルス　カプセル ）だ。
12. 残り時間が少なくなってきたので、後は（ ホット　ポイント　ポスト　マーク ）だけを簡単にお話しします。
13. アルバイトに応募するため、履歴書を送る前に何度も（ ストック　テクニック　ステップ　チェック ）した。
14. 仕事で（ ミス　プロ　ロス　ケア ）をしてしまったが、先輩が助けてくれた。

20課・21課 まとめ問題 B

1. 今年の春、大学に入学し、1年生のa_____から語学は英語と日本語の二つを選択した。語学力は将来もずっと必要だと思うので、学生の間に必ずb_____したい。英語は授業以外でもc_____の先生とたくさん話して、会話のd_____を上げることが目標だ。日本語は、読解力が弱いので、しばらくは読解にe_____を置いて勉強したいと思う。1年生は授業の数も多いし、生活費と学費を稼ぐためのアルバイトもしているので、今の生活はf_____だ。アルバイトを減らして勉強時間を増やせるように、秋には、A財団のg_____に応募しようと思っている。とにかく親には心配をかけたくない。

> ウェート　カリキュラム　スカラーシップ
> ネイティブ　ハード　マスター　レベル

2. 去年の9月、香港から交換留学生として日本の大学へ来た。学費は免除され、奨学金で生活もできたので、留学生a_____の受付の仕事を無償で手伝っていた。授業の空き時間に、アルバイトの情報を案内したり、提出する前の申込書にb_____がないかどうかを本人と一緒にc_____したりしていた。日本人の学生にテニスd_____に誘われたこともあったが、それよりも、せっかく日本にいる間にいろいろな所を訪れたいと思い、断った。今年の春には、ゆっくりと自分のe_____で九州を旅行して、あちこちを見て回った。卒業後は日本の企業で働きたいと思い、就職活動をして、A銀行を受けた。A銀行は日本でf_____の銀行だが、筆記試験も面接もうまくいって、採用が決まった。日本に来て、約1年の間にいろいろな国の学生と知り合えたことや、様々な経験ができたことは、今後の私の人生にg_____になると思う。9月に香港の大学に戻って来年の7月に卒業したら、その後、また来日して、東京で研修を受けることになっている。

> サークル　センター　チェック　トップ　プラス　ペース　ミス

22課　IT・環境

1　アクセス

① （～する）　access　访问　액세스 [액세스하다]　sự truy cập [truy cập]

・就職活動でA社のホームページにアクセスする。

② （～がいい、～が悪い）　access　交通　액세스, 접근성　lối vào, đường vào

・新しいアパートは駅に近く、アクセスのいい所です。

2　アップ

① （～する）　upload　上传　업로드 [업로드하다]　sự tải lên [tải lên]

・散歩道にきれいな花が咲いていたので、SNSに写真をアップした。

　[関]　アップデート（～する）　update　更新　업데이트 [업데이트하다]
　　　　sự cập nhật [cập nhật]

　[反]　ダウンロード（～する）　download　下载　다운로드 [다운로드하다]
　　　　sự tải xuống [tải xuống]

② （～する）

up, improvement [up, increase, improve]　増加、提高　업 [오르다, 업하다]
sự nâng cấp, sự tăng lên [nâng cấp, tăng lên]

・仕事にも慣れたので、来月から時給が50円アップになるそうだ。
・新しいパソコンは、ずいぶん性能がアップした。

③　close-up　特写　클로즈업, 줌인　cận cảnh

・百歳を迎えたお年寄りの飾らない笑顔が素敵で、アップで写した。

　[関]　クローズアップ（～する）　gaining prominent attention [gain prominent attention]
　　　　作为一个大问题提出　클로즈업 (부각) [클로즈업하다]
　　　　được đề cập thành chủ đề

3　エコ

ecology, eco-friendly　环保　에코, 친환경　việc thân thiện môi trường

・水をむだ使いしない、ごみをたくさん出さないなど、エコを意識した生活を心がけている。

　[関]　エコバッグ　eco-friendly reusable bag　环保袋　에코백, 친환경가방　túi tái sử dụng

4 エネルギー

①

energy　　能源　　에너지　　năng lượng

・環境にやさしいエネルギーとして、水力・風力・太陽光発電などが注目されている。

関　クリーンエネルギー　clean energy　　緑色能源　　클린에너지　　năng lượng sạch

②

energy　　精力　　에너지, 힘, 파워　　năng lượng

・エネルギーにあふれた子供たちが、外で元気に走り回っている。

関　エネルギッシュ（～な）　energetic　　精力充沛　　정력적이다　　đầy năng lượng

5 クリア

① (～する)

clearance [clear]　　清除　　정리[정리하다]　　việc xoá [xoá]

・スマホの連絡先情報を一度すべてクリアして、改めて登録した。

② (～する)

passing [pass]　　通過　　클리어, 합격[클리어하다, 합격하다]　　sự hoàn thành [hoàn thành]

・日本語能力試験 N2 を 2 回目でクリアした。

③ (～な)

clear　　清晰　　맑다, 또렷하다　　sáng sủa, sạch sẽ

・一度休憩を取り、クリアな頭で次の対策を考えよう。

6 サイバー

cyber　　网络　　사이버　　tin học, thuộc về máy tính

・A国政府はサイバー攻撃され、混乱状態になった。

7 ツール

tool　　工具　　툴　　công cụ

・パソコンのツールを使いこなせるようになりたい。

・新聞は情報を得るのによいツールの一つだ。

8 ネットワーク

network　网络　네트워크　mạng máy tính

・(コンピューター) ネットワークの普及で、様々な情報がすぐに世界中に広がる。
・C航空会社は世界的なネットワークを持っていて、利用するのに便利だ。

9 パスワード

password　密码　패스워드　mật khẩu

・パスワードは他人に分からないよう、名前や電話番号以外にしてください。

10 バックアップ

① (〜する)

backup [back up]　备份　백업 [백업하다]　sự sao lưu [sao lưu]

・パソコンやスマホの中の大切な資料はバックアップしている。

② (〜する)

backing [back (up)]　后援　후원 [후원하다]
sự ủng hộ, sự hỗ trợ từ phía sau [ủng hộ, hỗ trợ từ phía sau]

・大地震や洪水などの被災者には、継続的なバックアップが必要だ。

11 リサイクル

① (〜する)

recycling [recycle]　(废品) 再循环　리사이클 [리사이클하다]　sự tái chế [tái chế]

・リサイクルのため地域でビン・缶・古紙などを集めている。
・不用な自転車は集められて、リサイクルされ、また、鉄製品になります。

　関　リデュース (〜する)　reducing [reduce]　减少　리듀스 (줄이다) [리듀스하다]
　　　　　　　　　　　　　sự giảm thiểu [giảm thiểu]

　関　リユース (〜する)　reuse　再利用　리유스 (재사용) [리유스하다]
　　　　　　　　　　　　 việc tái sử dụng [tái sử dụng]

②

secondhand　再利用　리사이클, 재활용　đồ tái chế

・近所のリサイクルの店には服から家電までなんでも売っている。

　関　リサイクルショップ　secondhand store　旧货商店　리사이클 숍, 재활용 센터
　　　　　　　　　　　　　cửa hàng đồ tái chế

12 リセット

① （～する）

reset　复位　리셋［리셋하다］　việc thiết lập lại [thiết lập lại]

・パソコンが動かなくなったので、リセットして初めからやり直した。

② （～する）

reset　重新调整　리셋（전환）［리셋하다］　việc điều chỉnh lại [điều chỉnh lại]

・嫌なことがあると、友達とおいしい物を食べて、おしゃべりして、気持ちをリセットする。

参考

ＩｏＴ	IoT (Internet of Things)	物联网	아이오티（사물인터넷）	internet vạn vật
アカウント	account	帐户	어카운트, 계정	tài khoản
アナログ	analogue	模拟（方式）	아날로그	analog
アプリ	app	应用软件、APP	앱, 어플, 어플리케이션	phần mềm
インスタグラム	Instagram	Instagram（照片墙）	인스타그램	Instagram
インストール（～する）	installation [install]	安装	인스톨［인스톨하다］	sự cài đặt [cài đặt]
（ウェブ）サイト	(web)site	网站	（웹）사이트	trang web
ＡＩ	AI (artificial intelligence)	人工智能	에이아이（인공지능）	trí tuệ nhân tạo
ＳＮＳ	SNS (social networking service)	社交网络服务	에스엔에스, 소셜 네트워크 서비스	mạng xã hội
エラー	error	错误	에러	lỗi
エルニーニョ	El Niño	埃尔尼诺现象	엘리뇨	hiện tượng El Nino
オゾン層	ozone layer	臭氧层	오존층	tầng ozon
オンライン	online	在线	온라인	trực tuyến
環境アセスメント	assessment of the environment	环境影响评估	환경영향평가	dự đoán - đánh giá tác động môi trường
クラウド	cloud service	云（服务）	클라우드	điện toán đám mây
コンテンツ	digital content	（数字）内容	콘텐츠, 디지털 정보	nội dung số
サーバー	server	服务器	서버	máy chủ
スマホ／スマートフォン	smartphone	智能手机	스마트폰	điện thoại thông minh
スモッグ	smog	雾霾	스모그	mây đen, khói đen do ô nhiễm
ソーラー	solar	太阳能	솔라（태양열을 이용）	thuộc về mặt trời, việc sử dụng năng lượng mặt trời

日本語	English	中文	한국어	Tiếng Việt
ソフトウエア	software	软件	소프트웨어	phần mềm
ダイオキシン	dioxin	二恶英	다이옥신	chất đi ô xin
タッチパネル	touch panel	触摸面板	터치 패널	bảng cảm ứng
タブレット	tablet	平板电脑	태블릿	máy tính bảng
チャット（～する）	chat	网络聊天	채팅 [채팅하다]	sự tán gẫu [tán gẫu]
ツイート（～する）	tweet	（发）推特	트윗 [트윗하다]	các chia sẻ của người dùng trên twitter [chia sẻ trên twitter]
ツイッター	Twitter	Twitter（推特）	트위터	Twitter
ディスプレイ	display	显示器	디스플레이	màn hình hiển thị
デジタル	digital	数码	디지털	kỹ thuật số
ドローン	drone	遥控无人驾驶飞机	드론	thiết bị bay không người lái
ネットショッピング	Internet shopping	网购	인터넷 쇼핑	mua sắm trên mạng
ハードウエア	hardware	硬件	하드웨어	phần cứng
ハザードマップ	hazard map	防灾地图	재해예측도	bản đồ dự đoán thiên tai
ハッカー	hacker	黑客攻击	해커	tin tặc
ハッキング（～する）	hacking [hack]	黑客入侵	해킹 [해킹하다]	sự lấy cắp thông tin [lấy cắp thông tin]
ヒートアイランド	heat island	热岛	히트 아일랜드（열섬 현상）	hiện tượng đảo nhiệt đô thị
ファイル	file	文件	파일	tệp tin
フェイスブック	Facebook	Facebook（脸书）	페이스북	Facebook
フォルダ	folder	文件夹	폴더	thư mục
フォロー（～する）	follow	关注	팔로어 [팔로어하다]	sự theo dõi [theo dõi]
プリンター	printer	打印机	프린터	máy in
ブログ	blog	博客	블로그	nhật ký cá nhân trên mạng, blog
プログラミング（～する）	programming [program]	程序设计	프로그래밍 [프로그래밍하다]	lập trình
プロバイダー	provider	网络服务提供商	프로바이더 (통신서비스제공자)	nhà cung cấp
フロンガス	chlorofluorocarbon gas	氟利昂气体	프론 가스	hợp chất hữu cơ chứa cacbon, clo và flo
ホームページ	homepage, website	主页、网站	홈페이지	trang chủ, trang web
マウス	mouse	鼠标	마우스	chuột máy tính

マグニチュード	magnitude	里氏震级	매그니튜드, 지진규모	chỉ số để đo quy mô động đất
メモリー	memory	存储器、内存	메모리	bộ nhớ
ユーチューブ	YouTube	YouTube（视频网站名称）	유튜브	YouTube
ラニーニャ	La Niña	拉尼娜现象	라니냐	hiện tượng La Nina
リンク（～する）	link	链接	링크[링크하다]	đường link [kết nối]

問題 ステップI

1～6

> アクセス　アクセス　アップ　アップ　アップ　エコ
> エネルギー　エネルギー　クリア　クリア　クリア　サイバー

1. 水力・風力・太陽光など再生可能＿＿＿＿＿＿が環境にやさしいと言われている。
2. パソコンを処分するので、中の情報をすべて＿＿＿＿＿＿した。
3. あのホテルは空港への＿＿＿＿＿＿がよいので、人気がある。
4. 政治的、社会的混乱を目的に＿＿＿＿＿＿攻撃する国がある。
5. 京都のホテルのホームページに＿＿＿＿＿＿して予約を取った。
6. 一生懸命英語を勉強したら、テストの点が前回より20点も＿＿＿＿＿＿した。
7. 今度の試験は70点を＿＿＿＿＿＿しなければ、合格にならない。
8. 小さな花を＿＿＿＿＿＿で写したら、細かなところの形や色が美しくて感動した。
9. あの音楽家は世界中で活躍している＿＿＿＿＿＿あふれる人だ。
10. 長い会議で疲れた頭を＿＿＿＿＿＿にするため、コーヒーを飲んだ。
11. 観光客を増やすために、町のホームページに新しい見どころを＿＿＿＿＿＿した。
12. 自動車通勤をやめて自転車通勤を始めたよ。＿＿＿＿＿＿でしょう。

7～12

> ツール　ネットワーク　パスワード　バックアップ　バックアップ
> リサイクル　リサイクル　リセット　リセット

1. これは交通事故で親を亡くした子供達を＿＿＿＿＿＿する奨学金制度です。
2. 紙・缶・ビンなどは＿＿＿＿＿＿しますから、ゴミの分別をお願いします。
3. Aテレビの＿＿＿＿＿＿は国内のすみずみにまで及んでいる。
4. A国とB国はずっと仲が悪かったが、スポーツ交流で関係を＿＿＿＿＿＿した。
5. 小説は人生を考える＿＿＿＿＿＿の一つだ。
6. ＿＿＿＿＿＿は簡単に他人に教えてはいけない。
7. ＿＿＿＿＿＿し忘れて、スマホの写真が消えてしまった。
8. 引っ越しするので、要らない物を＿＿＿＿＿＿の店に売った。
9. パソコンの調子が悪いので、＿＿＿＿＿＿したらよくなった。

問題 ステップⅡ

> アクセス　　アクセス　　アップ　　アップ　　アップ　　エコ　　エネルギー
> エネルギー　　クリア　　クリア　　サイバー　　ツール　　ネットワーク
> パスワード　　バックアップ　　リサイクル　　リセット

1. 今度の新車は安全性も性能も一段と＿＿＿＿＿＿＿＿＿＿したそうだ。
2. A国との経済交渉がうまくいかなくなったので、交渉内容を＿＿＿＿＿＿＿＿＿＿してやり直すことになった。
3. ＿＿＿＿＿＿＿＿＿＿犯罪を防ぐために、国内はもちろん国際的な取り組みも進められている。
4. このトイレットペーパーは＿＿＿＿＿＿＿＿＿＿した紙が使われている。
5. 初めて行くレストランなので、＿＿＿＿＿＿＿＿＿＿を調べた。
6. 彼が弾くバイオリンは＿＿＿＿＿＿＿＿＿＿な音が出る。
7. 叔父の精神的、金銭的な＿＿＿＿＿＿＿＿＿＿のおかげで、無事に大学を卒業できた。
8. 大災害が起きて、地域社会の＿＿＿＿＿＿＿＿＿＿の大切さを感じた。
9. 行きたいホテルのホームページを開いたら、温泉の写真が＿＿＿＿＿＿＿＿＿＿されていた。
10. しっかり食事をとることが、＿＿＿＿＿＿＿＿＿＿のもとだ。
11. 私のマンションは、入る時に＿＿＿＿＿＿＿＿＿＿が必要だ。
12. この映画では、主役の女性の＿＿＿＿＿＿＿＿＿＿が美しいと話題になった。
13. ネットに＿＿＿＿＿＿＿＿＿＿して、旅行先のホテルや交通を調べた。
14. 太陽光発電で電気を作り、買い物にはバッグを持参して、＿＿＿＿＿＿＿＿＿＿を実践している。
15. 外国との交流では、言葉が重要な＿＿＿＿＿＿＿＿＿＿となる。
16. 二次面接を＿＿＿＿＿＿＿＿＿＿したので、次は最終面接だ。
17. わが社は省＿＿＿＿＿＿＿＿＿＿型の家電の開発を続けています。

22課　まとめ問題 A

1. これは少女が困難なことを（　アイディア　キャリア　クリア　ペア　）しながら、最後は平和な国を作るというゲームだ。
2. パソコンの（　キーワード　デリケート　パスワード　リゾート　）は、他の人に分からないように、犬の名前を使っている。
3. 当ホテルでは連泊のお客様にシーツの交換不要のご協力をお願いし、（　エコ　ケア　コネ　ミニ　）に努めています。
4. このホテルは安いうえに都心への（　アクセサリー　アクセス　オフィス　キャンパス　）もよいので、予約が取りにくい。
5. 地球温暖化防止のために太陽光・地熱・風力（　エネルギー　スポンサー　パートナー　レギュラー　）の普及が大切だ。
6. あの人は各界に（　アカデミック　カウンセリング　ネットワーク　ワークシェアリング　）を持っているので、この件に詳しい人を紹介してもらおう。
7. 仕事がうまくいかなくて、いらいらするときは、コーヒーを入れて、感情を（　セット　ヒット　メリット　リセット　）する。
8. ネット上に作られた（　オーバー　サイバー　シルバー　メンバー　）空間には、世界中の色々な情報が飛び交っている。
9. 国境なき医師団は困っている人を助けたいという思いを（　アレルギー　エネルギー　カロリー　セミナー　）にして、活躍している。
10. コンピューターは便利な（　クール　ゴール　セール　ツール　）だが、使い方次第で社会混乱を招く。
11. 新技術のテレビは、今までの数倍（　アマチュア　エンジニア　ケア　クリア　）な映像をお楽しみいただけます。
12. ここに集められた古い木材は（　メンタル　リアル　リサイクル　レベル　）して、紙に生まれ変わります。
13. この新技術は国も全面的に（　スカラーシップ　バックアップ　リフレッシュ　ワークショップ　）している。
14. 海外旅行中、ホテルのWi-Fiでネットに（　アクセス　アクセル　アドバイス　ウイルス　）して、写真を送った。
15. ここは山の中の寂しい宿だったが、SNSにきれいな紅葉の写真が（　アップ　ギャップ　ジャンプ　ステップ　）され、一気に客が増えた。

22課 まとめ問題 B

1. 子供のころからパソコンが好きで、将来は IT 関連の仕事がしたいと思っていた。大学卒業後、希望する会社に就職できた。仕事は想像していた以上に大変で、ゆっくり休む暇もなかった。仕事中は、疲れてくると、少しでも頭を a_____にしようと、コーヒーを飲んだ。また、忙しいときには食事をとれないときもあった。夜の10時まで残業するのは普通で、深夜になることもあった。通勤が少しでも楽なようにと、会社までの b_____がよいアパートに引っ越したが、家に帰れないことも多かった。こんなことが何年間も続いているうちに、体を壊してしまった。そこで、親の強い勧めもあり、思いきって今までの人生を c_____して再出発しようと、故郷へ帰ることにした。私の故郷は、静かな温泉地である。小さな町ではあるが、人々の d_____に対する意識は高い。町の学校や役所などは、地熱や太陽光 e_____の電力を使っている。ビン・缶・紙などの f_____も、もちろん、盛んである。そんな所で、親のお土産屋を手伝いながら、ネットで町の特産品を販売したり、観光案内をしたり、町を紹介するホームページを立ち上げた。各地の美しい風景や人々の様子を g_____して、故郷を宣伝している。最近は、他の人達とも協力しながら、町の発展のために頑張っている。役所も色々と h_____してくれて、快適な毎日を送っている。

   アクセス　　アップ　　エコ　　エネルギー　　クリア
   バックアップ　　リサイクル　　リセット

23課 その他

1 アイディア（〜が浮かぶ　〜を出す）
idea　　主意、建议　　아이디어　　ý tưởng
・彼の結婚祝いのパーティーをするため、みんなでアイディアを出し合った。

2 イメージ（〜する　〜を持つ）
image [imagine]　　印象、想像　　이미지 [이미지하다]　　ấn tượng, hình ảnh [tưởng tượng]
・東京には近代的なイメージばかりを持っていたが、来日してみたら古いところもあった。
・この競技場は鳥の巣をイメージして作られた。

関　イメージチェンジ（〜する）　changing one's image [change one's image]　改变形象
　　이미지 체인지（이미지 변신）[이미지 체인지하다]
　　sự thay đổi hình ảnh, sự thay đổi ấn tượng [thay đổi hình ảnh, thay đổi ấn tượng]

関　マイナスイメージ　bad image　不好的印象　마이너스 이미지　ấn tượng xấu

3 オーバー
① （〜する）　over [go over]　超过　오버 [오버하다]　sự vượt quá [vượt quá]
・スーツケースが重量オーバーだったので、空港で超過料金を払った。
・父へのプレゼントは、予算を2,000円もオーバーしてしまった。

② （〜な）　exaggerated　夸大、夸张　오버하다, 과장되다　phóng đại
・こんなけがで救急車を呼ぶなんてオーバーだ。
・オーバーな話ばかりしていると、誰にも信用されなくなる。

4 オリジナル
① （〜な）　original　独创　오리지널이다　gốc, nguyên bản
・この店は季節に合ったオリジナル和菓子を作っている。
・オリジナルな発想で商品を作り、特許を取った。

② original (document)　原书、原作　오리지널, 원본　bản gốc
・この書類はオリジナルなのでコピーを取ったら、きちんと保管しておいてください。

5 カバー

① （～を掛ける）　cover　外皮、套子　커버　bìa
・大切な本には、汚れないようにカバーを掛けておく。

② （～する）　cover, make up for　弥补、补偿　커버하다　sự bao che [bao che]
・わが社は赤字カバーのために、食品部門に進出することにした。
・職場の優しい先輩は、いつも私の失敗をカバーしてくれる。

6 ケース

① case　容器、盒子　케이스　vỏ, hộp đựng
・ケースに入れておかないと、CDに傷が付いてしまいますよ。

② case　事例　케이스　trường hợp
・親の愛情を受けられない子が、事件を起こすケースが多いと言われている。

7 サイド

one side, position　方面　사이드 (입장, 측)　phía, vị trí
・生産者ではなく、消費者サイドからこの問題を考えてみよう。

8 スケール（～が大きい）

scale　規模　스케일　quy mô
・実際に行ってピラミッドを見たら、スケールの大きさに驚かされた。

9 ストップ（～する）

stop　停止　스톱 [스톱하다]　việc dừng lại [dừng lại]
・交通事故で電車がストップして、会議に間に合わなかった。

10 スムーズ（～な　～に進む）

smooth　順利、圓満　스무드하다, 원만하다　trôi chảy, một cách trôi chảy
・A国との首脳会談は、最後までスムーズに進んだ。
・民族紛争のスムーズな解決を目指し、関係者が集まって協議した。

11 ゼロ

zero　零　제로　số không

・会社を辞めて、全く違う分野の勉強をゼロから始めることにした。

12 タイミング（〜がいい　〜が悪い）

timing　时机　타이밍　thời điểm

・駅に着いたとたん電車が行ってしまうなんて、タイミングが悪い。

13 ダウン

① （〜する）

being down [go down, fall]　下降　다운, 감소 [다운되다, 감소하다]　sự đi xuống [giảm]

・原子力発電所の供給量ダウンが、東京の電力不足に大きく影響した。
・不景気になって、売れ行きが前年比20％もダウンした。

② （〜する）

be floored, be knocked down　（因病或劳累）躺倒　다운 [다운되다, 쓰러지다]　bị hạ gục

・医者が風邪でダウンするとは恥ずかしい。

14 ダメージ（〜を受ける）

damage　打击、损害　대미지, 타격, 손해　thiệt hại

・地震と台風で、A県は経済的にも大きなダメージを受けた。

15 チャンス（〜がある　〜がない）

chance　机会　찬스　cơ hội

・チャンスがあったら、在学中にアメリカに留学したい。

16 トライ（〜する）

try　试、尝试　트라이, 도전 [트라이하다, 도전하다]　sự thử sức [thử sức]

・新しいゲームは難しくて、3度目のトライでやっと成功した。
・弟は次々と新しい楽器にトライしているが、どれもあまりうまくなっていないようだ。

17 ニュアンス

nuance　語气、语感、微妙的差别　뉘앙스　sắc thái

・通訳するときは、外国語の微妙なニュアンスを伝えるのが難しい。

18 パーフェクト（〜な）

perfect　完美、完备　퍼펙트하다, 완벽하다　hoàn hảo

・彼女の仕事は速くて、いつもパーフェクトだ。
・あの映画監督は常にパーフェクトな作品を作ろうとしている。

19 パターン（〜が決まる）

pattern　模式　패턴　mẫu, hình mẫu, khuôn

・朝はパターンが決まっていて、いつも6時に起きて散歩をしてから朝食をとっている。

関 ワンパターン　one pattern, one-track　一种模式、千篇一律　원패턴　sự dập khuôn

20 ブーム

boom　高潮、热潮　붐　sự bùng nổ, phong trào

・ダイエットブームで、やせるお茶が売れている。

21 フリー

① free　免费　프리, 무료, 공짜　miễn phí

・午後2時までは、どの料理にもフリードリンクがついています。

② （〜な） free　自由　프리하다　tự do

・新聞社を辞めて、フリーな立場で意見が言えるようになった。

22 フル

full　充分、最大限度　풀　đầy đủ, đầy ắp, tối đa

・売れ行き好調なので、機械をフル稼働させて生産を2倍にする計画だ。

23 ベスト （～を尽くす）

best　　全力、最高、最好　　베스트, 최선　　tốt nhất

・明日のテニスの試合では、ベストを尽くしたい。
・彼の営業成績は、毎月ベスト3に入っている。

関　ベストセラー　best-seller　畅销书　베스트 셀러　bán chạy nhất

反　ワースト　worst　最坏、最差　워스트　tệ nhất

24 メイン

main　　主要、中心　　메인, 중심　　chính, trọng tâm

・彼らはアジアをメインに、ヨーロッパやアメリカでも音楽活動を行っている。

25 メリット

merit　　优点、长处　　메리트, 장점　　điểm lợi, ưu điểm

・親と一緒に住むメリットは、高い家賃を払わなくていいことだ。

反　デメリット　demerit　缺点、短处　디메리트, 단점　điểm bất lợi, nhược điểm

26 モデル

① model　型号、样式　모델　mẫu

・彼は車が大好きで、新しいモデルが出るとすぐに買い替える。

② model　模范、榜样　모델　kiểu mẫu

・この学校は中高一貫教育のモデル校になっている。

③ model　（小说、电视剧等的）典型人物　모델　hình mẫu

・この小説は瀬戸内海の小さな島の人々をモデルに書かれた。

27 ユニーク （～な）

unique　　独特、独一无二　　유니크하다, 독특하다　　độc đáo, duy nhất

・彼女は他の人が考えつかないようなユニークな発想で、会社を大きくした。

28 ラスト

last　最后　라스트, 마지막　cuối cùng

・いよいよ、今日の演奏会もラスト1曲を残すのみとなった。

参考

スペシャル（～な）　special　特別　스페셜하다　đặc biệt

ミックス（～する）　mix　混合　믹스[믹스하다], 섞다　sự trộn lẫn [trộn lẫn]

メジャー（～な）　major　主要　메이저다, 주류다　chính, chủ yếu

問題 ステップ I

1~4

> アイディア　イメージ　オーバー　オーバー　オリジナル　オリジナル

1. 店内にある人形はすべてこの店だけの＿＿＿＿＿＿＿商品です。
2. 高速道路で制限速度を20キロ＿＿＿＿＿＿＿して捕まった。
3. 父の日に何をあげようかと雑誌を見ていたら、いい＿＿＿＿＿＿＿が浮かんだ。
4. 彼は小さなことでも大事件のように＿＿＿＿＿＿＿に話す。
5. 日本へ来る前、日本人は親切だという＿＿＿＿＿＿＿を持っていた。
6. 履歴書のコピーは手元に残して、＿＿＿＿＿＿＿を入国管理局に提出してください。

5~8

> カバー　カバー　ケース　ケース　サイド　スケール

1. 熱中症になったとき、重症で倒れてしまう＿＿＿＿＿＿＿は老人に多い。
2. 部下の失敗を＿＿＿＿＿＿＿するのも、上司の仕事の一つだ。
3. 部屋のカーテンとベッド＿＿＿＿＿＿＿を同じ色にした。
4. 父は老眼鏡を＿＿＿＿＿＿＿に入れて持ち歩いている。
5. 宇宙開発のように＿＿＿＿＿＿＿の大きな仕事がしたい。
6. 市会議員の大山さんは、いつも住民＿＿＿＿＿＿＿に立って考えてくれる。

9 ~ 13

ストップ　スムーズ　ゼロ　タイミング　ダウン　ダウン

1. 話したいと思っていたら、ちょうど電話がかかってくるなんて、_____がいいね。
2. 午前中の仕事が_____に進んだから、午後は少し余裕ができそうだ。
3. 残業と休日出勤が続き、とうとう_____した。
4. 地震で市内の交通機関がすべて_____してしまった。
5. 経営していた会社が倒産し、_____からの再出発だ。
6. あの会社は賞味期限をごまかしたことが知られ、株価が大幅に_____した。

14 ~ 18

ダメージ　チャンス　トライ　ニュアンス　パーフェクト

1. 料理番組を見て、新しい料理に_____した。
2. 忙しくてなかなか友達と会う_____がない。
3. 失恋して心に大きな_____を受けた彼女は、なかなか立ち直れないようだ。
4. 外国で生活を始めたばかりのころは、言葉の微妙な_____が分からなかった。
5. 今日の彼女の新体操の演技は_____だった。

19 ~ 23

> パターン　ブーム　フリー　フリー　フル　ベスト

1. 成功の可能性の低い手術なので医者は「＿＿＿＿＿＿＿＿を尽くす」としか言わなかった。
2. 自分の力を＿＿＿＿＿＿＿＿に使って、今回の企画を成功させた。
3. 私の昼食はめん類かパンで、＿＿＿＿＿＿＿＿が決まっている。
4. ペット＿＿＿＿＿＿＿＿で犬や猫だけでなく、ワニや蛇なども飼う人が増えている。
5. 政党を離れたので、今後は＿＿＿＿＿＿＿＿な立場で活動できるようになった。
6. 空港や駅など、＿＿＿＿＿＿＿＿Wi-Fiの場所が増えた。

24 ~ 28

> メイン　メリット　モデル　モデル　モデル　ユニーク　ラスト

1. 大学ではあくまでも勉強を生活の＿＿＿＿＿＿＿＿にしたい。
2. ある歌手を＿＿＿＿＿＿＿＿にして新しい小説を書いた。
3. 都心に住む＿＿＿＿＿＿＿＿は通勤時間が短くて済むことだ。
4. 家電製品は新しい＿＿＿＿＿＿＿＿が出ると、古い型は一気に安くなる。
5. 彼の考えはいつも＿＿＿＿＿＿＿＿で、びっくりさせられる。
6. この駅の周辺は路上禁煙の＿＿＿＿＿＿＿＿地区です。
7. ＿＿＿＿＿＿＿＿1曲だから、大好きな曲を歌って終わりにしよう。

問題 ステップⅡ

> アイディア　イメージ　オーバー　オーバー　オリジナル
> オリジナル　カバー　カバー　ケース　ケース　サイド

1. この展示品は複製で、＿＿＿＿＿＿＿＿＿＿は金庫に保管されています。
2. 新商品の企画書締め切りは明日だというのに、いい＿＿＿＿＿＿＿＿＿＿が浮かばない。
3. 予定を1か月も＿＿＿＿＿＿＿＿＿＿して、やっとわが家が完成した。
4. ピアノにほこりが付かないように＿＿＿＿＿＿＿＿＿＿を掛けた。
5. 博物館では高価な美術品がガラス＿＿＿＿＿＿＿＿＿＿の中に飾られている。
6. 彼らはお互いの弱点を＿＿＿＿＿＿＿＿＿＿し合えるので、仕事をするのにいい組み合わせだ。
7. 舞台ではもう少し＿＿＿＿＿＿＿＿＿＿に表現しないと、観客に伝わらないよ。
8. 対人関係を築けない子供が事件を起こすという＿＿＿＿＿＿＿＿＿＿が増えている。
9. 友達に紹介されて会ってみたが、彼は私が描いていた＿＿＿＿＿＿＿＿＿＿と違っていた。
10. 女性＿＿＿＿＿＿＿＿＿＿に立った政策を立てなければ、少子化は止まらないだろう。
11. 当美術館は開館30周年を記念して、来館者に＿＿＿＿＿＿＿＿＿＿絵葉書をプレゼント中です。

> スケール　ストップ　スムーズ　ゼロ　タイミング　ダウン
> ダウン　ダメージ　チャンス　トライ　ニュアンス　パーフェクト

12. 写真では花の微妙な色の＿＿＿＿＿＿＿＿＿が分かりづらい。
13. うちに帰ったら、みんなでおいしそうなケーキを食べるところだった。なんて＿＿＿＿＿＿＿＿＿がいいんだろう。
14. 仕事が忙しくて、なかなか結婚相手を見つける＿＿＿＿＿＿＿＿＿がない。
15. 戦争で何もかも失った広島の町は＿＿＿＿＿＿＿＿＿から復興した。
16. 何もかもそろった＿＿＿＿＿＿＿＿＿な人間などいません。
17. 中国の遺跡は日本のものに比べ、すべて＿＿＿＿＿＿＿＿＿が大きい。
18. 心配していたけれど、就職が＿＿＿＿＿＿＿＿＿に決まってほっとした。
19. 来年は何か新しいことに＿＿＿＿＿＿＿＿＿したいと思う。
20. 業績不振で今年の夏のボーナスが大幅＿＿＿＿＿＿＿＿＿した。
21. コンピューターの故障で銀行の業務が＿＿＿＿＿＿＿＿＿した。
22. 海水浴に行って、紫外線や海水で髪の毛が＿＿＿＿＿＿＿＿＿を受けた。
23. 暑さのせいで食欲もなく、夜も眠れず、とうとう＿＿＿＿＿＿＿＿＿した。

> パターン　ブーム　フリー　フリー　フル　ベスト　メイン
> メリット　モデル　モデル　モデル　ユニーク　ラスト

24. 彼の作品は今まで誰も作ったことのない＿＿＿＿＿＿＿＿＿＿なものだ。
25. この小説の登場人物は実在の人物を＿＿＿＿＿＿＿＿＿＿にしています。
26. あのお笑い芸人は、いつも同じ＿＿＿＿＿＿＿＿＿＿で人を笑わせる。
27. 会社を辞めて、＿＿＿＿＿＿＿＿＿＿な立場で発言すると、自由だけど、ある意味重みがない。
28. あの映画は＿＿＿＿＿＿＿＿＿＿まで見ないと、真犯人が分かりません。
29. 語学留学の＿＿＿＿＿＿＿＿＿＿は自然な会話が身に付くことだ。
30. 山上選手は自己＿＿＿＿＿＿＿＿＿＿の記録を出して、オリンピックで優勝した。
31. 今度の京都旅行は、紅葉見物を＿＿＿＿＿＿＿＿＿＿にお寺や神社を見て回ろうと思います。
32. 住宅展示場に太陽光発電を使った＿＿＿＿＿＿＿＿＿＿住宅が造られた。
33. 車はエンジンを＿＿＿＿＿＿＿＿＿＿回転して、山道を登っていく。
34. 日本では韓国のドラマに人気が出て、韓流＿＿＿＿＿＿＿＿＿＿が数年続いた。
35. スキー板を買いたいが、今年の最新＿＿＿＿＿＿＿＿＿＿は来週入荷するというので、来週まで待つことにした。
36. 駅前で、街の情報が載っている＿＿＿＿＿＿＿＿＿＿ペーパーをもらった。

23課 まとめ問題A

1. 駅前に大型店ができ、近くの個人商店は大きな（ メッセージ　ダメージ　スイッチ　ピンチ ）を受けた。
2. せっかく彼女とデートできたのに、「好きだ」と言う（ タイミング　トライ　メリット　ステップ ）を逃してしまった。
3. 父に反抗したら、送金を（ ブレーキ　ストップ　バランス　ステップ ）されてしまった。
4. この商品は主婦の（ コンクール　ユニーク　オリジナル　アイディア ）を基に作られた。
5. 夜映画を見始めると、寝るのが遅くなり、次の朝は寝坊して、学校に遅刻してしまうという悪い（ オリジナル　サイド　パターン　ミス ）になる。
6. エレベーターに最後に乗ろうとしたら、定員（ フル　メイン　ラスト　オーバー ）で乗れなかった。
7. 会社名をカタカナに変えたのは、企業（ イメージ　イベント　インタビュー　インフレ ）を新しくしたかったからだ。
8. 本番中に主役がせりふを忘れ、相手役がうまく（ カット　オーバー　カバー　ダウン ）した。
9. この砂漠をすべて緑に変えるとは、（ デマ　スケール　ノルマ　サイド ）の大きい計画だ。
10. だいぶ反省しているようですから、もう一度やり直す（ チャンス　チャンネル　キャッシュ　キャッチ ）をあげましょう。
11. 病院で健康診断を受けたが、（ フリー　スムーズ　ニュアンス　メリット ）に進み、思ったより早く終わった。
12. この車の1970年（ サイド　ラスト　トライ　モデル ）は生産台数が少ないので、愛好者の間では人気が高い。
13. 世界陸上選手権に出場して、彼女はまた自己（ トップ　ベスト　アップ　マーク ）を更新した。
14. 最近は、結婚する前から二人で暮らす（ ケース　ブーム　ハード　テーマ ）も増えてきている。

23課　まとめ問題 B

1. 昨年六本木に開店したレストラン「TANAKA」は、南フランスの有名な古城を a＿＿＿＿＿に造られた店で、魚介類を b＿＿＿＿＿に、様々な創作料理を楽しむことができる。料理長T氏はフランス料理の枠にとらわれない創作料理で有名な人物だ。世界的に和食 c＿＿＿＿＿とあって、和の素材に d＿＿＿＿＿する料理人は少なくないが、中でもT氏の作る料理は非常に e＿＿＿＿＿である。他ではまねできないようなT氏の料理の f＿＿＿＿＿は、生活のあらゆる場面で思い浮かぶものだという。今後も彼の手からどんな料理が生まれるか楽しみである。

   ┌───┐
   │ アイディア　トライ　ブーム　メイン　モデル　ユニーク │
   └───┘

2. 私は焼肉店でアルバイトをしています。はじめのころは日本語が下手で、 a＿＿＿＿＿に注文を取ることもできませんでした。失敗もたくさんありましたが、一緒に働いている仲間が b＿＿＿＿＿してくれました。お金のために始めたアルバイトでしたが、今は、アルバイトをする最大の c＿＿＿＿＿は日本人をいろいろな角度から見られることだと思っています。社会勉強と言ったら d＿＿＿＿＿かもしれませんが、アルバイトは、本で読んだり、人から聞いていた日本人とは違った一面を見るいい e＿＿＿＿＿だと思います。今日は休みのはずでしたが、仲間の一人が風邪で f＿＿＿＿＿してしまったので、代わりに私が出勤します。こんなとき、日本人は「お互い様」と言うそうです。

   ┌───┐
   │ オーバー　カバー　スムーズ　ダウン　チャンス　メリット │
   └───┘

総合問題

I

1. 友人の医者が疲れ気味の私に、栄養をとって休むようにと＿＿＿＿＿＿＿＿＿してくれた。

2. 最近、各メーカーは「水の節約と電気の節約」を＿＿＿＿＿＿＿＿＿にした洗濯機を開発している。

3. 母は災害に備えて1週間分の米と水を＿＿＿＿＿＿＿＿＿している。

4. 留学しても語学力が伸びない人の中には、母国の学生とばかり付き合っている＿＿＿＿＿＿＿＿＿が見られます。

5. 新宿のバスターミナルは駅からの＿＿＿＿＿＿＿＿＿がよく、多くの観光客が利用している。

6. 経済、環境、核など世界の様々な問題を解決するためには、＿＿＿＿＿＿＿＿＿な視野で物事を考えることが欠かせない。

7. 国連の＿＿＿＿＿＿＿＿＿の下、世界中の紛争が解決されることを願っている。

8. この問題集はやさしいものから難しいものへ、徐々に＿＿＿＿＿＿＿＿＿を踏んで練習できるようになっています。

9. ストレスの多い生活の中で、私の＿＿＿＿＿＿＿＿＿の方法は、香りのよい入浴剤を入れたお風呂に入ることです。

10. この犬の絵、＿＿＿＿＿＿＿＿＿ね、今にも動きだしそう。

11. わが社はユーザーからの＿＿＿＿＿＿＿＿＿に素早く対応します。

アクセス　アドバイス　クレーム　グローバル　ケース　コンセプト
ステップ　ストック　リアル　リード　リラックス

Ⅱ

1. 試合の日は大雨で、グラウンドの＿＿＿＿＿＿＿＿が悪く、選手達は実力が発揮できなかった。

2. 豪華客船に乗って、ゆったりしたスケジュールで世界一周するツアーが、60代の人達を＿＿＿＿＿＿＿＿にして売り出された。

3. 彼女は今、機嫌が悪いから、映画に誘うのは＿＿＿＿＿＿＿＿が悪いよ。

4. 重い物を買うときは、宅配＿＿＿＿＿＿＿＿をしてくれる店を利用している。

5. 海外に転勤して、子供を現地の学校に入学させたが、保護者会で先生と英語で＿＿＿＿＿＿＿＿がうまく取れずに困った。

6. この研究所には、研究者全員が情報を共有できる＿＿＿＿＿＿＿＿がある。

7. ＿＿＿＿＿＿＿＿攻撃に備えて、コンピューターのエキスパートを養成することも大事だ。

8. A国とB国はそれぞれ和平への＿＿＿＿＿＿＿＿を描いていたが、両国の話し合いはもの別れに終わった。

9. A社は歌手の田川さんの結婚をいち早く＿＿＿＿＿＿＿＿し、報道した。

10. 近年、就職試験では筆記試験より面接に＿＿＿＿＿＿＿＿が置かれているようだ。

11. 彼の北海道でのコンサートは満席で、30周年記念の全国公演は好調な＿＿＿＿＿＿＿＿を切った。

ウェート　キャッチ　コミュニケーション　コンディション
サービス　サイバー　システム　シナリオ　スタート　ターゲット
タイミング

Ⅲ

1. 景気が回復したと言われているが、給料は変わらないのに物価が上がり、実質賃金は_____しているいと言わざるをえない。

2. 世界に広がった_____のおかげで、どの国の人とも簡単に連絡が取り合える。

3. お菓子の会社が_____になり、恵まれない子供達のためのイベントが行われた。

4. 私はファッションの_____がないので、洋服を買うときには妹に選んでもらっている。

5. インターネットでは転職、営業から恋愛まで、ありとあらゆることの_____が紹介されている。

6. 富裕層の人々の_____にこたえた様々な金融商品が売り出されている。

7. わが社では、アレルギーに配慮し、健康と_____を提供する健康食品を製造しております。

8. この_____は環境保全に役立つと認定された商品に付けられています。

9. 大型台風、大地震などを経験すると、人間の力では自然を_____できないとつくづく思う。

10. 私はスギ花粉の_____の時期には、洗濯物は室内に干すようにしている。

11. クラスで恋愛について_____したら、ユニークな意見が出て大いに盛り上がった。

コントロール　スポンサー　センス　ダウン　ディスカッション
ニーズ　ネットワーク　ノウハウ　パワー　ピーク　マーク

IV

1. 高齢者が多く若年層が少ないという人口構成は＿＿＿＿＿＿＿が悪く、将来の国の発展が危ぶまれる。

2. 国は長期的な＿＿＿＿＿＿＿を持って、子供達に「考える力」を付けさせる教育に取り組むべきだ。

3. 彼女は＿＿＿＿＿＿＿能力があり、管理職として非常に有能だ。

4. このはがきは牛乳パックを＿＿＿＿＿＿＿して、作られた物です。

5. このホテルは前の日に＿＿＿＿＿＿＿すると、宿泊料金の80％を取られます。

6. 教室の前と後ろでは聞こえ方が違うので、聴解のテストを行う際は、事前に＿＿＿＿＿＿＿の調整が必要だ。

7. この大学は留学生をメンタルな面でも＿＿＿＿＿＿＿する体制が整っているので、外国人に人気がある。

8. 私の日本語の＿＿＿＿＿＿＿では、まだ言いたいことの半分も伝えられなくて苦労している。

9. 親友だと思っていた人に裏切られた。あのときの＿＿＿＿＿＿＿は忘れられない。

10. クイズの＿＿＿＿＿＿＿がいくつも出されたが、私はとうとう最後まで答えが分からなかった。

11. そこには後で写真をはりますから、その分の＿＿＿＿＿＿＿を空けておいてください。

キャンセル　サポート　ショック　スペース　バランス　ビジョン
ヒント　ボリューム　マネジメント　リサイクル　レベル

V

1. 彼は職場で同僚と_____を起こして、前の仕事を辞めたらしい。

2. アメリカの大統領選挙では政策の内容だけでなく、テレビ討論やコマーシャルなど_____をいかにうまく利用するかも勝敗を決める重要な要素だと言われている。

3. 新しいプロジェクトの責任者を任されて、_____を感じている。

4. この部品は特殊な製法により、従来の製品より耐久性が10%も_____した。

5. 高齢者だけでなく、すべての人々にとって暮らしやすい_____の町づくりが望まれている。

6. このピアノ協奏曲を上手に弾くためには、高度な_____が要求される。

7. 日本には病後の人が_____を行う温泉病院が各地にある。

8. 最近、政界では汚職事件が相次ぎ、政治家の_____が問われている。

9. 家賃は月3万以下で、学校から近くて新しいアパートが見つかれば_____だが、無理なら多少古くても構わない。

10. 彼は先日のマラソンで、前半はトップを走っていたが、後半は_____が落ちて、結果は10位だった。

11. 彼女は大地震の被災者の生活を_____するボランティア活動をしている。

アップ　　テクニック　　トラブル　　バックアップ　　バリアフリー
プレッシャー　　ペース　　ベスト　　メディア　　モラル　　リハビリ

付録

色

1	カラー	color	颜色	컬러	màu sắc
2	イエロー	yellow	黄色	옐로우	màu vàng
3	オレンジ	orange	橘黄色	오렌지	màu cam
4	グリーン	green	绿色	그린	màu xanh lá cây
5	グレー	gray	灰色	그레이	màu xám
6	ゴールド	gold	金色	골드	màu vàng kim
7	シルバー	silver	银色	실버	màu bạc
8	ピンク	pink	粉红色	핑크	màu hồng
9	ブラウン	brown	棕色	브라운	màu nâu
10	ブラック	black	黑色	블랙	màu đen
11	ブルー	blue	蓝色	블루	màu xanh da trời
12	ホワイト	white	白色	화이트	màu trắng
13	レッド	red	红色	레드	màu đỏ

人に関する言葉

1	オーナー	owner	房东、业主	오너, 주인	chủ sở hữu (cửa hàng, công ty)
2	カスタマー	customer	顾客、客户	커스터머, 고객	khách hàng
3	チーフ	chief	主任	치프（주임）	thủ lĩnh, sếp
4	ファン	fan	粉丝、崇拜者	팬	người hâm mộ
5	マニア	enthusiast	狂热的爱好者	마니아	người đam mê
6	リスナー	listener	听众	리스너（청취자）	người nghe, thính giả
7	リピーター	repeater	回头客	리피터, 애용자	người lặp lại, khách hàng liên tục

索引(さくいん)

ア

アーティスト	58
IoT	148
アイディア	155
アイデンティティー	101
アウター	13
アウト	38
アカウント	148
アカデミック	121
アクセサリー	12
アクセス	145
アシスタント	57
アップ	145
アップデート	145
アドバイス	91
アナウンサー	57
アナウンス	27
アナログ	148
アニメ(ーション)	50
アピール	91
アフターケア	62
アフターサービス	22
アプリ	148
アプローチ	125
アポイント	91
アマチュア	38
アレルギー	61
アンケート	70
アンダーライン	131
アンテナ	70
アンバランス	62

イ

イエロー	174
イノベーション	80
イベント	139
イメージ	155
イメージチェンジ	155
イヤホーン	46
インスタグラム	148
インスタント	8
インストール	148
インターホン	17
インターンシップ	122
インタビュー	70
インテリア	17
インナー	13
インフォメーションセンター	31
インフラ	101
インフルエンザ	61
インフレ	101

ウ

ウイルス	61
ウェート	131
ウェット	87
(ウェブ)サイト	148
ウォッシャブル	13

エ

AI	148
エース	41
エキスパート	111
エコ	145
エコノミー	57
エコノミスト	57
エコバッグ	145
SNS	148
エスカレート	101
エネルギー	146
エネルギッシュ	146
エピソード	91
エラー	148
エリア	28
エリート	101
エルニーニョ	148
エンジニア	57
エンジョイ	50
エンジン	78
エントリー	122

オ

オーケストラ	46
オーダー	8
オートロック	17
オーナー	174
オーバー	155
オープン	22
オープンキャンパス	139
オゾン層[そう]	148
オファー	114
オフィシャル	91
オフィス	111
オプション	32
オリエンテーション	121
オリジナル	155
オレンジ	174
音声[おんせい]ガイド	31
オンデマンド	73
オンライン	148

カ

ガード	57
ガードマン	57
ガイダンス	121

ガイド	31
ガイドブック	31
カウンセラー	57
カウンセリング	61
カウンター	27
カジュアル	12
カスタマー	174
カット	111
カバー	156
カフェ	9
カプセル	61
カラー	174
カリキュラム	131
カルチャー	101
カルチャーショック	101
カルテ	61
カロリー	61
環境［かんきょう］	
アセスメント	148
カンニング	131

キ

キーワード	131
ギブアンドテイク	94
ギフト	24
キャスター	58
キャッシュ	101
キャッシュレス	101
キャッチ	70
ギャップ	91
キャラクター	50
キャリア	111
キャンセル	31
キャンパス	139
キャンペーン	102

ク

クイズ	70
クーリングオフ	24
クール	86
グッズ	24
クラウド	148
グラウンド	139
クラシック	47
グラフ	125
クリア	146
グリーン	174
クリーンエネルギー	146
グルメ	9
グレー	174
クレーム	22
クローズアップ	145
グローバリゼーション	102
グローバル	102
クローン	78

ケ

ケア	62
ケース	156
ゲスト	71

コ

コース	121
コーチ	38
コード	16
コードレス	16
コーナー	22
ゴール	38
ゴールド	174
コスト	111
コネ	121
コマーシャル	71
コミュニケーション	92
コミュニティー	102
コメンテーター	71
コメント	71
コラム	71
コラムニスト	71
コレクション	50
コレクター	50
コンクール	46
コンサルタント	57
コンサルティング	57
コンセプト	111
コンセント	16
コンタクト	92
コンディション	62
コンテンツ	148
コントロール	62
コンパクト	78
コンプライアンス	114
コンプレックス	86

サ

サークル	139
サーバー	148
サービス	22
サイクリング	32
（ウェブ）サイト	148
サイド	156
サイバー	146
サイン	92
サポーター	92
サポート	92
サンプル	23

シ

シーズン	31
ジーンズ	12
シェア	102

シェフ	58
シグナル	62
システム	102
シナリオ	50
シニア	104
シフト	140
ジャーナリスト	58
ジャーナリズム	58
ジャンプ	38
ジャンル	50
ジョーク	92
ショート	12
ショック	86
ショッピング	24
シリーズ	51
シルバー	174
ジレンマ	86
シングル	31
シンプル	12
シンポジウム	102

ス

スイーツ	9
スイッチ	16
スカラーシップ	139
スキル	111
スクープ	73
スクーリング	134
スクリーン	51
スケール	156
スケジュール	139
スコア	41
スタート	121
スタイル	12
スタジアム	41
スタジオ	47
スタッフ	58
ステップ	131
ストーリー	51
ストック	8
ストップ	156
ストレート	86
ストレス	62
スピーカー	47
スピーチ	122
スピード	27
スペース	16
スペシャル	160
スポンサー	71
スマホ／スマートフォン	148
スムーズ	156
スモッグ	148
スリム	13
スローフード	8

セ

セーフ	38
セール	23
セールスマン	23
セキュリティー	16
セクハラ	93
セット	23
ゼミ	125
セミナー	125
セルフサービス	22
ゼロ	157
センサー	16
センス	13
センター	140

ソ

ソーシャルメディア	72
ソーラー	148
ソファ	16
ソフト	86
ソフトウエア	149

タ

ターゲット	112
ターミナル	27
タイアップ	114
ダイオキシン	149
タイトル	125
タイプ	78
タイミング	157
タイム	39
ダイヤ	27
ダウン	157
ダウンロード	145
タッチ	79
タッチパネル	149
タブレット	149
ダメージ	157
タレント	71

チ

チーフ	174
チェック	132
チャージ	28
チャット	149
チャレンジ	39
チャレンジャー	39
チャンス	157
チャンネル	71

ツ

ツアー	32
ツイート	149
ツイッター	149
ツイン	32
ツール	146

テ

ディスカウント	23
ディスカッション	125
ディスプレイ	149
ディベート	126
データ	126
テーマ	126
テクニック	39
テクノロジー	80
デザイナー	58
デザイン	58
デジタル	149
デフレ	102
デマ	72
デメリット	159
デリケート	87
テロ	104
テンション	87
テンポ	46

ト

トータル	23
ドキュメンタリー	72
ドクター	58
トップ	132
トップクラス	132
トピック	72
トライ	157
ドライ	87
ドライバー	58
ドライブ	28
トラウマ	63
ドラッグストア	24
トラブル	93
トレーナー	39
トレーニング	39
トレンド	73
ドローン	149

ナ

ナイター	41
ナレーター	58

ニ

ニーズ	112
ニュアンス	158

ネ

ネイティブ	132
ネガティブ	88
ネットショッピング	149
ネットワーク	147

ノ

ノウハウ	103
ノルマ	112
ノンフィクション	72

ハ

バーコード	24
ハード	140
パート	114
ハードウエア	149
パートナー	93
ハードル	39
パーフェクト	158
バイオ	79
ハイテク	79
ハイテンション	87
ハイブリッド	80
パイロット	58
ハザードマップ	149
パス	122
パスワード	147
パターン	158
ハッカー	149
ハッキング	149
バック	27
パック	8
バックアップ	147
パニック	87
パフォーマンス	47
バブル	103
バラエティ	51
バランス	62
バリアフリー	17
バロメーター	62
パワー	79
パワハラ	93
パワフル	87
ハンデ	63
パンフレット	32

ヒ

ピーク	28
ヒートアイランド	149
ヒーロー	51
ビジョン	103
ヒット	46
ヒヤリング	134
ヒロイン	51
ピンク	174
ピンチ	39
ヒント	72
ピント	93

フ

ファイル	149
ファーストフード	8
ファッション	13
ファミリーレストラン	9

ファン	174	プログラミング	149	マイナス	140
フィードバック	134	プログラム	47	マイナスイメージ	155
フィクション	72	プロジェクト	112	マイペース	132
ブーム	158	プロセス	126	マウス	149
フェイスブック	149	プロバイダー	149	マグニチュード	150
フェスティバル	46	フロンガス	149	マスコミ	72
フォーマル	12			マスター	133
フォルダ	149	**ヘ**		マナー	103
フォロー	149	ペア	94	マニア	174
プライド	88	ベース	132	マニュアル	79
プライバシー	93	ペース	132	マネー	103
プライベート	94	ベスト	159	マネジメント	113
ブラウン	174	ベストセラー	159		
プラグ	17	ヘッドホン	46	**ミ**	
プラス	140	ベテラン	112	ミーティング	126
ブラック	174	ヘルシー	9	ミス	133
プラン	32	ベンチャー	112	ミックス	160
ブランド	13			ミニ	13
フリー	158	**ホ**		ミュージシャン	58
フリーター	58	ボイコット	103		
フリーマーケット	24	ポイント	133	**ム**	
フリーランス	114	ボーナス	113	ムード	104
プリンター	149	ホームシック	63		
プリント	132	ホームステイ	140	**メ**	
プリントアウト	132	ホームページ	149	メイン	159
フル	158	ポジティブ	88	メーカー	113
ブルー	174	ポスト	113	メカニズム	63
フルタイム	114	ホスピタリティー	94	メジャー	160
プレー	40	ホット	9	メッセージ	94
ブレーキ	28	ポップ／ポップス	47	メディア	72
プレゼンテーション	112	ボランティア	103	メモリー	150
フレックスタイム	114	ボリューム	47	メリット	159
プレッシャー	88	ホワイト	174	メロディー	47
フレッシュ	9			メンタル	63
プロ	40	**マ**		メンテナンス	80
フロア	24	マーク	133	メンバー	40
ブログ	149	マーケット	113		

モ

モチベーション	88
モデル	159
モラル	104

ユ

ユーザー	113
Uターン	28
ユーチューブ	150
ユーモア	88
ユニーク	159

ラ

ライバル	40
ライブ	47
ライフスタイル	104
ライフライン	104
ライブラリー	140
ライン	133
ラスト	160
ラッシュ	28
ラニーニャ	150
ランキング	122
ランク	122

リ

リアル	73
リーダー	40
リーダーシップ	40
リード	40
リクエスト	73
リクルートスーツ	122
リコール	80
リサーチ	114
リサイクル	147
リサイクルショップ	147
リスク	104
リスト	114
リストラ	114
リスナー	174
リスペクト	94
リズム	47
リセット	148
リゾート	32
リデュース	147
リハビリ	63
リピーター	174
リビング（ルーム）	17
リフォーム	17
リフレッシュ	63
リモコン	17
リユース	147
リラックス	63
リンク	150

ル

ルーズ	88
ルート	28
ルール	41

レ

レギュラー	41
レシピ	9
レジメ	126
レジャー	51
レッテル	94
レッド	174
レトルト	9
レベル	134
レポーター	58
レポート	126
レンタル	51

ロ

ローン	24
ロス	41
ロッカー	32
ロボット	80
ロング	12
ロングスカート	13

ワ

ワークシェアリング	102
ワークショップ	104
ワースト	159
ワンパターン	158

著者
島野節子
世良明美
辻野裕子
妻形ひさゐ
永見洋子
山岡園枝

翻訳
スリーエーネットワーク（英語）　　徐前（中国語）　　鄭在喜、姜瑢嬉（韓国語）
ベトナムトレーディング株式会社（ベトナム語）

装丁・本文デザイン
山田武

改訂版　分野別カタカナ語彙トレーニング

2010年7月1日　初版第1刷発行
2019年5月30日　改訂版第1刷発行

著　者　　島野節子　世良明美　辻野裕子　妻形ひさゐ
　　　　　永見洋子　山岡園枝
発行者　　藤嵜政子
発　行　　株式会社　スリーエーネットワーク
　　　　　〒102-0083　東京都千代田区麹町3丁目4番
　　　　　　　　　　　トラスティ麹町ビル2F
　　　　　電話　営業　03(5275)2722
　　　　　　　　編集　03(5275)2725
　　　　　https://www.3anet.co.jp/
印　刷　　倉敷印刷株式会社

ISBN978-4-88319-792-7 C0081
落丁・乱丁本はお取替えいたします。
本書の全部または一部を無断で複写複製（コピー）することは著作権法上
での例外を除き、禁じられています。

■ 新完全マスターシリーズ

● 新完全マスター漢字
日本語能力試験N1
　1,200円+税　（ISBN978-4-88319-546-6）
日本語能力試験N2（CD付）
　1,400円+税　（ISBN978-4-88319-547-3）
日本語能力試験N3
　1,200円+税　（ISBN978-4-88319-688-3）
日本語能力試験N3 ベトナム語版
　1,200円+税　（ISBN978-4-88319-711-8）
日本語能力試験N4
　1,200円+税　（ISBN978-4-88319-780-4）

● 新完全マスター語彙
日本語能力試験N1
　1,200円+税　（ISBN978-4-88319-573-2）
日本語能力試験N2
　1,200円+税　（ISBN978-4-88319-574-9）
日本語能力試験N3
　1,200円+税　（ISBN978-4-88319-743-9）
日本語能力試験N3 ベトナム語版
　1,200円+税　（ISBN978-4-88319-765-1）

● 新完全マスター読解
日本語能力試験N1
　1,400円+税　（ISBN978-4-88319-571-8）
日本語能力試験N2
　1,400円+税　（ISBN978-4-88319-572-5）
日本語能力試験N3
　1,400円+税　（ISBN978-4-88319-671-5）
日本語能力試験N3 ベトナム語版
　1,400円+税　（ISBN978-4-88319-722-4）
日本語能力試験N4
　1,200円+税　（ISBN978-4-88319-764-4）

● 新完全マスター単語
日本語能力試験N2 重要2200語
　1,600円+税　（ISBN978-4-88319-762-0）
日本語能力試験N3 重要1800語
　1,600円+税　（ISBN978-4-88319-735-4）

● 新完全マスター文法
日本語能力試験N1
　1,200円+税　（ISBN978-4-88319-564-0）
日本語能力試験N2
　1,200円+税　（ISBN978-4-88319-565-7）
日本語能力試験N3
　1,200円+税　（ISBN978-4-88319-610-4）
日本語能力試験N3 ベトナム語版
　1,200円+税　（ISBN978-4-88319-717-0）
日本語能力試験N4
　1,200円+税　（ISBN978-4-88319-694-4）
日本語能力試験N4 ベトナム語版
　1,200円+税　（ISBN978-4-88319-725-5）

● 新完全マスター聴解
日本語能力試験N1（CD付）
　1,600円+税　（ISBN978-4-88319-566-4）
日本語能力試験N2（CD付）
　1,600円+税　（ISBN978-4-88319-567-1）
日本語能力試験N3（CD付）
　1,500円+税　（ISBN978-4-88319-609-8）
日本語能力試験N3 ベトナム語版（CD付）
　1,500円+税　（ISBN978-4-88319-710-1）
日本語能力試験N4（CD付）
　1,500円+税　（ISBN978-4-88319-763-7）

■ 読解攻略！日本語能力試験N1レベル
1,400円+税
（ISBN978-4-88319-706-4）

■ 日本語能力試験模擬テスト

CD付
各冊900円+税

● 日本語能力試験N1 模擬テスト
〈1〉（ISBN978-4-88319-556-5）
〈2〉（ISBN978-4-88319-575-6）
〈3〉（ISBN978-4-88319-631-9）
〈4〉（ISBN978-4-88319-652-4）

● 日本語能力試験N2 模擬テスト
〈1〉（ISBN978-4-88319-557-2）
〈2〉（ISBN978-4-88319-576-3）
〈3〉（ISBN978-4-88319-632-6）
〈4〉（ISBN978-4-88319-653-1）

スリーエーネットワーク

ウェブサイトで新刊や日本語セミナーをご案内しております。
https://www.3anet.co.jp/

改訂版 分野別カタカナ語彙トレーニング

[解答]

スリーエーネットワーク

目次

- 1課｜食 …………………………………………… 4
- 2課｜衣 …………………………………………… 4
- 3課｜住 …………………………………………… 5
  - ●1課・2課・3課　まとめ問題A・B …… 5
- 4課｜買い物 ……………………………………… 6
- 5課｜交通 ………………………………………… 6
- 6課｜旅行 ………………………………………… 7
  - ●4課・5課・6課　まとめ問題A・B …… 7
- 7課｜スポーツ …………………………………… 8
- 8課｜音楽 ………………………………………… 8
- 9課｜趣味・娯楽 ………………………………… 9
  - ●7課・8課・9課　まとめ問題A・B …… 9
- 10課｜職業 ……………………………………… 10
- 11課｜医療・健康 ……………………………… 10
  - ●10課・11課　まとめ問題A・B ……… 11
- 12課｜情報 ……………………………………… 11
- 13課｜技術・機械 ……………………………… 12
  - ●12課・13課　まとめ問題A・B ……… 12
- 14課｜性格・感情 ……………………………… 13
- 15課｜対人関係 ………………………………… 13
  - ●14課・15課　まとめ問題A・B ……… 14
- 16課｜政治・経済・社会 ……………………… 14
  - ●16課　まとめ問題A・B ……………… 15
- 17課｜ビジネス ………………………………… 16
  - ●17課　まとめ問題A・B ……………… 16
- 18課｜入学・卒業・就職 ……………………… 17
- 19課｜論文・討論・研究活動 ………………… 17
  - ●18課・19課　まとめ問題A・B ……… 18
- 20課｜授業・テスト …………………………… 18
- 21課｜課外活動・学生生活 …………………… 19
  - ●20課・21課　まとめ問題A・B ……… 19
- 22課｜IT・環境 ………………………………… 20
  - ●22課　まとめ問題A・B ……………… 20
- 23課｜その他 …………………………………… 21
  - ●23課　まとめ問題A・B ………… 21・22
- 総合問題 ………………………………………… 22

1課　食

問題 ステップI

[1]～[5]
1．パック　　2．インスタント　　3．ストック　　4．パック　　5．オーダー
6．ファーストフード

[6]～[10]
1．レトルト　　2．ホット　　3．レシピ　　4．フレッシュ　　5．ホット
6．ファミリーレストラン

問題 ステップII

1．フレッシュ　　2．ファーストフード　　3．パック　　4．ストック　　5．レトルト
6．オーダー　　7．ホット　　8．インスタント　　9．レシピ　　10．パック
11．ホット　　12．ファミリーレストラン

2課　衣

問題 ステップI

[1]～[6]
1．スタイル　　2．ショート　　3．カジュアル　　4．シンプル　　5．ジーンズ
6．スタイル　　7．アクセサリー

[7]～[11]
1．センス　　2．スリム　　3．ファッション　　4．ミニ　　5．ブランド　　6．ミニ

問題 ステップII

1．スタイル　　2．シンプル　　3．ファッション　　4．スタイル　　5．ミニ
6．アクセサリー　　7．ブランド　　8．ショート　　9．ジーンズ　　10．センス
11．カジュアル　　12．スリム

3課　住

問題　ステップⅠ

1～**6**

1．コード　　2．スペース　　3．センサー　　4．スイッチ　　5．コンセント
6．セキュリティー

7～**12**

1．リモコン　　2．バリアフリー　　3．リフォーム　　4．リビング　　5．プラグ
6．ソファ

問題　ステップⅡ

1．リビング　　2．スイッチ　　3．コンセント　　4．バリアフリー　　5．スペース
6．リモコン　　7．リフォーム　　8．センサー　　9．ソファ　　10．プラグ
11．コード　　12．セキュリティー

1課・2課・3課　まとめ問題A

1．カジュアル　　2．レシピ　　3．リフォーム　　4．スペース　　5．ストック
6．オーダー　　7．バリアフリー　　8．シンプル　　9．セキュリティー
10．フレッシュ　　11．パック　　12．スリム　　13．アクセサリー　　14．ショート

1課・2課・3課　まとめ問題B

1．a　インスタント　　b　ストック　　c　パック　　d　ファミリーレストラン
　　e　カジュアル　　f　ジーンズ　　g　オーダー　　h　レシピ　　i　レトルト
2．a　リフォーム　　b　ファーストフード　　c　ホット　　d　スペース
　　e　バリアフリー　　f　セキュリティー　　g　センサー　　h　シンプル
　　i　リビング　　j　ソファ

4課　買い物

問題　ステップI

1～4
1．クレーム　2．オープン　3．サービス　4．オープン　5．コーナー
6．サービス　7．サービス

5～8
1．セット　2．サンプル　3．ディスカウント　4．セール　5．セット

9～12
1．フロア　2．ローン　3．トータル　4．フリーマーケット　5．トータル

問題　ステップII

1．セット　2．トータル　3．オープン　4．フロア　5．セット　6．クレーム
7．サンプル　8．オープン　9．ディスカウント　10．コーナー　11．セール
12．フリーマーケット　13．サービス　14．ローン　15．サービス　16．トータル
17．サービス

5課　交通

問題　ステップI

1～6
1．ダイヤ　2．カウンター　3．バック　4．アナウンス　5．ターミナル
6．スピード　7．バック

7～11
1．ブレーキ　2．Uターン　3．ラッシュ　4．ルート　5．ピーク
6．ブレーキ　7．Uターン　8．ルート

問題　ステップII

1．スピード　2．アナウンス　3．ダイヤ　4．ラッシュ　5．カウンター
6．ピーク　7．ターミナル　8．ブレーキ　9．バック　10．ルート　11．バック
12．Uターン

6課　旅行

問題 ステップⅠ

1～5
1．シーズン　　2．ガイド　　3．インフォメーションセンター　　4．シングル
5．キャンセル　　6．シングル

6～10
1．リゾート　　2．パンフレット　　3．ツイン　　4．ツアー　　5．ロッカー

問題 ステップⅡ

1．ガイド　　2．キャンセル　　3．ツイン　　4．インフォメーションセンター
5．パンフレット　　6．ロッカー　　7．ツアー　　8．シングル　　9．リゾート
10．シーズン　　11．シングル

4課・5課・6課　まとめ問題A

1．サンプル　　2．パンフレット　　3．ブレーキ　　4．リゾート　　5．アナウンス
6．オープン　　7．ローン　　8．トータル　　9．セット　　10．ルート　　11．ロッカー
12．ダイヤ　　13．ピーク　　14．サービス

4課・5課・6課　まとめ問題B

1．a　ツアー　　b　ツイン　　c　シングル　　d　サービス　　e　ガイド
　　f　カウンター　　g　リゾート　　h　パンフレット
2．a　セール　　b　フロア　　c　コーナー　　d　セット　　e　ディスカウント
　　f　トータル　　g　フリーマーケット

7課　スポーツ

問題 ステップⅠ

1〜5
1. セーフ　2. ジャンプ　3. コーチ　4. ゴール　5. アマチュア　6. セーフ

6〜10
1. タイム　2. テクニック　3. チャレンジ　4. ハードル　5. トレーニング
6. ハードル

11〜15
1. プレー　2. プロ　3. ピンチ　4. メンバー　5. ライバル

16〜19
1. リード　2. ルール　3. ロス　4. リード　5. レギュラー

問題 ステップⅡ

1. ゴール　2. アマチュア　3. タイム　4. コーチ　5. チャレンジ
6. セーフ　7. ジャンプ　8. テクニック　9. トレーニング　10. セーフ
11. ハードル　12. プレー　13. ルール　14. プロ　15. メンバー　16. レギュラー
17. リード　18. ライバル　19. ピンチ　20. ロス　21. リード

8課　音楽

問題 ステップⅠ

1〜6
1. テンポ　2. ヒット　3. コンクール　4. オーケストラ　5. フェスティバル
6. イヤホーン

7〜10
1. ライブ　2. ボリューム　3. プログラム　4. ボリューム　5. リズム
6. プログラム

問題 ステップⅡ

1. テンポ　2. コンクール　3. ボリューム　4. ヒット　5. オーケストラ
6. イヤホーン　7. フェスティバル　8. リズム　9. ボリューム　10. プログラム
11. ライブ

9課　趣味・娯楽

問題　ステップⅠ

[1]～[4]
1. コレクション　2. エンジョイ　3. キャラクター　4. アニメ　5. キャラクター

[5]～[8]
1. スクリーン　2. ジャンル　3. シナリオ　4. シリーズ　5. シナリオ

[9]～[12]
1. バラエティ　2. レジャー　3. レンタル　4. ストーリー　5. バラエティ

問題　ステップⅡ

1. アニメ　2. レジャー　3. スクリーン　4. キャラクター　5. ストーリー
6. コレクション　7. レンタル　8. シリーズ　9. シナリオ　10. エンジョイ
11. バラエティ　12. シナリオ　13. ジャンル

7課・8課・9課　まとめ問題A

1. ボリューム　2. プレー　3. リズム　4. コレクション　5. テンポ
6. セーフ　7. シリーズ　8. テクニック　9. ストーリー　10. トレーニング
11. ハードル　12. ピンチ　13. チャレンジ　14. リード

7課・8課・9課　まとめ問題B

1. a コーチ　b テクニック　c トレーニング　d タイム　e ライバル
　　f アマチュア　g プロ　h ハードル　i チャレンジ
2. a シリーズ　b ヒット　c キャラクター　d ピンチ　e ストーリー
　　f スクリーン　g ジャンル　h シナリオ　i レンタル

10課　職業

問題　ステップⅠ

1～6
1．カウンセラー　　2．エンジニア　　3．アシスタント　　4．アナウンサー
5．エコノミスト　　6．ガードマン

7～11
1．フリーター　　2．スタッフ　　3．ジャーナリスト　　4．コンサルタント
5．デザイナー

問題　ステップⅡ

1．カウンセラー　　2．スタッフ　　3．エンジニア　　4．アシスタント
5．ジャーナリスト　　6．デザイナー　　7．コンサルタント　　8．エコノミスト
9．フリーター　　10．アナウンサー　　11．ガードマン

11課　医療・健康

問題　ステップⅠ

1～5
1．アレルギー　　2．ウイルス　　3．インフルエンザ　　4．カウンセリング
5．カプセル

6～10
1．コンディション　　2．ケア　　3．カルテ　　4．カロリー　　5．コントロール
6．ケア

11～15
1．ストレス　　2．ホームシック　　3．シグナル　　4．バランス　　5．バロメーター

16～20
1．リハビリ　　2．リラックス　　3．メンタル　　4．リフレッシュ　　5．メカニズム

問題　ステップⅡ

1．カウンセリング　　2．アレルギー　　3．インフルエンザ　　4．ケア　　5．カプセル
6．カロリー　　7．ウイルス　　8．コントロール　　9．カルテ　　10．コンディション
11．メンタル　　12．ストレス　　13．リハビリ　　14．バロメーター　　15．シグナル
16．バランス　　17．リラックス　　18．リフレッシュ　　19．メカニズム
20．ホームシック

10課・11課　まとめ問題 A

1. アレルギー　　2. ストレス　　3. メカニズム　　4. ジャーナリスト　　5. バランス
6. カウンセラー　　7. バロメーター　　8. コンサルタント　　9. コントロール
10. コンディション　　11. スタッフ　　12. エンジニア　　13. リラックス　　14. メンタル

10課・11課　まとめ問題 B

1. a　フリーター　　b　ガードマン　　c　アナウンサー　　d　ジャーナリスト
　　e　エンジニア　　f　アシスタント　　g　ホームシック　　h　リフレッシュ
2. a　デザイナー　　b　インフルエンザ　　c　アレルギー　　d　シグナル
　　e　ウイルス　　f　ストレス　　g　バランス

12課　情報

問題　ステップⅠ

1～4
1. キャッチ　　2. インタビュー　　3. アンテナ　　4. アンケート　　5. アンテナ

5～9
1. コラム　　2. コメント　　3. コマーシャル　　4. クイズ　　5. ゲスト

10～15
1. デマ　　2. スポンサー　　3. ドキュメンタリー　　4. タレント　　5. チャンネル
6. トピック

16～21
1. リクエスト　　2. マスコミ　　3. フィクション　　4. メディア　　5. リアル
6. ヒント　　7. リアル

問題　ステップⅡ

1. コラム　　2. キャッチ　　3. クイズ　　4. アンケート　　5. スポンサー
6. コメント　　7. ゲスト　　8. インタビュー　　9. コマーシャル　　10. アンテナ
11. チャンネル　　12. マスコミ　　13. トピック　　14. ドキュメンタリー
15. リクエスト　　16. メディア　　17. タレント　　18. リアル　　19. フィクション
20. デマ　　21. ヒント　　22. リアル

13課　技術・機械

問題　ステップI

1～5
1．エンジン　　2．タッチ　　3．コンパクト　　4．タイプ　　5．クローン
6．タッチ　　7．エンジン

6～10
1．パワー　　2．バイオ　　3．ロボット　　4．パワー　　5．マニュアル
6．ハイテク

問題　ステップII

1．タイプ　　2．クローン　　3．バイオ　　4．ロボット　　5．エンジン　　6．タッチ
7．コンパクト　　8．パワー　　9．マニュアル　　10．ハイテク　　11．タッチ
12．パワー

12課・13課　まとめ問題A

1．パワー　　2．トピック　　3．マスコミ　　4．リクエスト　　5．エンジン
6．コンパクト　　7．デマ　　8．スポンサー　　9．アンケート　　10．タッチ
11．ヒント　　12．タイプ　　13．マニュアル　　14．コメント

12課・13課　まとめ問題B

1．a　ドキュメンタリー　　b　リアル　　c　メディア　　d　アンテナ　　e　ロボット
　　f　バイオ　　g　ハイテク　　h　インタビュー
2．a　コラム　　b　クイズ　　c　タッチ　　d　コマーシャル　　e　リクエスト
　　f　キャッチ　　g　パワー

14課　性格・感情

問題　ステップⅠ

1～**5**
1．クール　　2．ジレンマ　　3．コンプレックス　　4．ストレート　　5．ショック

6～**10**
1．ドライ　　2．ソフト　　3．パニック　　4．テンション　　5．デリケート

11～**15**
1．プライド　　2．パワフル　　3．プレッシャー　　4．ルーズ　　5．ユーモア

問題　ステップⅡ

1．ジレンマ　　2．デリケート　　3．ソフト　　4．ルーズ　　5．プレッシャー
6．ユーモア　　7．コンプレックス　　8．テンション　　9．プライド　　10．ドライ
11．ショック　　12．パニック　　13．クール　　14．ストレート　　15．パワフル

15課　対人関係

問題　ステップⅠ

1～**6**
1．アポイント　　2．ギャップ　　3．エピソード　　4．アドバイス　　5．アピール
6．オフィシャル

7～**11**
1．コンタクト　　2．ジョーク　　3．サイン　　4．サポート　　5．コミュニケーション
6．サイン

12～**15**
1．トラブル　　2．セクハラ　　3．ピント　　4．パートナー　　5．ピント
6．トラブル

16～**20**
1．レッテル　　2．メッセージ　　3．プライバシー　　4．ペア　　5．プライベート

問題　ステップⅡ

1．コンタクト　　2．サイン　　3．アドバイス　　4．アポイント　　5．サイン
6．エピソード　　7．アピール　　8．ギャップ　　9．オフィシャル　　10．サポート
11．コミュニケーション　　12．ピント　　13．トラブル　　14．ペア　　15．ジョーク
16．メッセージ　　17．セクハラ　　18．ピント　　19．パートナー　　20．プライバシー
21．プライベート　　22．トラブル　　23．レッテル

14課・15課　まとめ問題A

1．サイン　　2．レッテル　　3．アポイント　　4．デリケート
5．コミュニケーション　　6．ショック　　7．オフィシャル　　8．ジレンマ
9．コンプレックス　　10．メッセージ　　11．パニック　　12．プライベート
13．プレッシャー　　14．プライバシー

14課・15課　まとめ問題B

1．a　サポート　　b　プライド　　c　パワフル　　d　ストレート　　e　ルーズ
　　f　トラブル　　g　ソフト
2．a　ユーモア　　b　アピール　　c　ギャップ　　d　エピソード　　e　アドバイス
　　f　コミュニケーション　　g　パートナー

16課　政治・経済・社会

問題　ステップⅠ

1～6
1．インフラ　　2．アイデンティティー　　3．インフレ　　4．エリート
5．エスカレート　　6．カルチャーショック

7～11
1．キャッシュ　　2．グローバル　　3．キャンペーン　　4．シェア　　5．コミュニティー
6．シェア

12～17
1．シンポジウム　　2．システム　　3．デフレ　　4．バブル　　5．ノウハウ
6．ビジョン

18～22
1．ボランティア　　2．マナー　　3．ボイコット　　4．マネー　　5．ボイコット
6．ムード

23～27
1．モラル　　2．ワークショップ　　3．ライフライン　　4．リスク
5．ライフスタイル

問題　ステップⅡ

1．インフレ　　2．シェア　　3．カルチャーショック　　4．シンポジウム
5．アイデンティティー　　6．エリート　　7．キャッシュ　　8．シェア　　9．インフラ
10．エスカレート　　11．グローバル　　12．コミュニティー　　13．キャンペーン
14．システム　　15．マネー　　16．マナー　　17．ボイコット　　18．ムード
19．ノウハウ　　20．ライフライン　　21．ビジョン　　22．ボランティア
23．ライフスタイル　　24．ワークショップ　　25．デフレ　　26．バブル　　27．モラル
28．リスク　　29．ボイコット

16課　まとめ問題A

1．キャッシュ　　2．ノウハウ　　3．ビジョン　　4．シェア　　5．ムード
6．ボランティア　　7．グローバル　　8．エスカレート　　9．システム　　10．モラル
11．エリート　　12．ライフライン　　13．インフレ　　14．マナー

16課　まとめ問題B

1．a　モラル　　b　エスカレート　　c　ノウハウ　　d　シェア　　e　リスク
　　f　ボイコット
2．a　コミュニティー　　b　ボランティア　　c　マナー　　d　ライフライン
　　e　ビジョン　　f　キャンペーン

17課　ビジネス

問題　ステップⅠ

[1]～[6]
1．コスト　　2．エキスパート　　3．カット　　4．コンセプト　　5．オフィス
6．キャリア

[7]～[12]
1．ノルマ　　2．ニーズ　　3．スキル　　4．プレゼンテーション　　5．プロジェクト
6．ターゲット

[13]～[17]
1．ベンチャー　　2．ポスト　　3．ベテラン　　4．ボーナス　　5．マーケット
6．ポスト

[18]～[23]
1．ユーザー　　2．リスト　　3．マネジメント　　4．リサーチ　　5．リストラ
6．メーカー

問題　ステップⅡ

1．コスト　　2．スキル　　3．プレゼンテーション　　4．エキスパート　　5．ニーズ
6．ターゲット　　7．キャリア　　8．カット　　9．オフィス　　10．コンセプト
11．プロジェクト　　12．ノルマ　　13．マーケット　　14．ベンチャー　　15．リスト
16．リサーチ　　17．ユーザー　　18．ポスト　　19．マネジメント　　20．ボーナス
21．ポスト　　22．ベテラン　　23．リストラ　　24．メーカー

17課　まとめ問題A

1．プロジェクト　　2．カット　　3．エキスパート　　4．ニーズ　　5．ノルマ
6．ベテラン　　7．コスト　　8．マネジメント　　9．リスト　　10．キャリア
11．スキル　　12．ユーザー　　13．メーカー　　14．ターゲット

17課　まとめ問題B

1．a　エキスパート　　b　プロジェクト　　c　ニーズ　　d　メーカー
　　e　ターゲット　　f　カット　　g　コスト
2．a　オフィス　　b　リサーチ　　c　スキル　　d　コンセプト　　e　マーケット
　　f　キャリア

18課　入学・卒業・就職

問題 ステップⅠ

1～4
1．オリエンテーション　　2．コース　　3．アカデミック　　4．コネ　　5．コース

5～9
1．スピーチ　　2．ランク　　3．パス　　4．ランキング　　5．パス　　6．スタート

問題 ステップⅡ

1．スタート　　2．スピーチ　　3．パス　　4．コネ　　5．ランキング　　6．ランク
7．オリエンテーション　　8．コース　　9．アカデミック　　10．パス　　11．コース

19課　論文・討論・研究活動

問題 ステップⅠ

1～6
1．アプローチ　　2．ゼミ　　3．タイトル　　4．グラフ　　5．ディスカッション
6．アプローチ　　7．セミナー

7～13
1．レポート　　2．データ　　3．ミーティング　　4．テーマ　　5．レジメ
6．プロセス　　7．ディベート

問題 ステップⅡ

1．アプローチ　　2．ミーティング　　3．データ　　4．タイトル　　5．テーマ
6．プロセス　　7．ディベート　　8．レポート　　9．レジメ　　10．ゼミ
11．ディスカッション　　12．グラフ　　13．セミナー　　14．アプローチ

18課・19課　まとめ問題A

1．グラフ　　2．タイトル　　3．プロセス　　4．オリエンテーション　　5．レポート
6．ゼミ　　7．パス　　8．アカデミック　　9．セミナー　　10．ランク　　11．スタート
12．ディスカッション　　13．コース　　14．アプローチ

18課・19課　まとめ問題B

1. a　スタート　　b　アカデミック　　c　スピーチ　　d　オリエンテーション
   e　ゼミ　　f　レポート　　g　コース
2. a　テーマ　　b　アプローチ　　c　データ　　d　プロセス　　e　レジメ
   f　ディスカッション

20課　授業・テスト

問題 ステップⅠ

1～7

1．カンニング　　2．キーワード　　3．ウェート　　4．アンダーライン
5．カリキュラム　　6．ステップ　　7．チェック

8～13

1．ベース　　2．トップ　　3．ペース　　4．ポイント　　5．プリント
6．ネイティブ　　7．ポイント

14～18

1．ライン　　2．マスター　　3．レベル　　4．マーク　　5．ミス　　6．マーク

問題 ステップⅡ

1．チェック　　2．カンニング　　3．アンダーライン　　4．トップ　　5．ウェート
6．カリキュラム　　7．キーワード　　8．ステップ　　9．ネイティブ　　10．レベル
11．ペース　　12．プリント　　13．ポイント　　14．ライン　　15．マスター　　16．マーク
17．ミス　　18．ベース　　19．マーク　　20．ポイント

21課　課外活動・学生生活

問題 ステップⅠ

1～6
1．イベント　　2．グラウンド　　3．キャンパス　　4．サークル　　5．スカラーシップ
6．スケジュール

7～10
1．プラス　　2．センター　　3．プラス　　4．マイナス　　5．ハード　　6．マイナス

問題 ステップⅡ

1．グラウンド　　2．プラス　　3．サークル　　4．イベント　　5．マイナス
6．センター　　7．キャンパス　　8．ハード　　9．スカラーシップ　　10．プラス
11．スケジュール　　12．マイナス

20課・21課　**まとめ問題 A**

1．トップ　　2．ベース　　3．ハード　　4．アンダーライン　　5．マスター
6．プラス　　7．サークル　　8．レベル　　9．スカラーシップ　　10．キャンパス
11．マイナス　　12．ポイント　　13．チェック　　14．ミス

20課・21課　**まとめ問題 B**

1．a　カリキュラム　　b　マスター　　c　ネイティブ　　d　レベル　　e　ウェート
　　f　ハード　　g　スカラーシップ
2．a　センター　　b　ミス　　c　チェック　　d　サークル　　e　ペース
　　f　トップ　　g　プラス

22課　IT・環境

問題　ステップⅠ

1〜6
1. エネルギー　2. クリア　3. アクセス　4. サイバー　5. アクセス
6. アップ　7. クリア　8. アップ　9. エネルギー　10. クリア　11. アップ
12. エコ

7〜12
1. バックアップ　2. リサイクル　3. ネットワーク　4. リセット　5. ツール
6. パスワード　7. バックアップ　8. リサイクル　9. リセット

問題　ステップⅡ

1. アップ　2. リセット　3. サイバー　4. リサイクル　5. アクセス
6. クリア　7. バックアップ　8. ネットワーク　9. アップ　10. エネルギー
11. パスワード　12. アップ　13. アクセス　14. エコ　15. ツール　16. クリア
17. エネルギー

22課　まとめ問題A

1. クリア　2. パスワード　3. エコ　4. アクセス　5. エネルギー
6. ネットワーク　7. リセット　8. サイバー　9. エネルギー　10. ツール
11. クリア　12. リサイクル　13. バックアップ　14. アクセス　15. アップ

22課　まとめ問題B

1. a クリア　b アクセス　c リセット　d エコ　e エネルギー
　　f リサイクル　g アップ　h バックアップ

23課　その他

問題　ステップⅠ

☐1～☐4
1．オリジナル　2．オーバー　3．アイディア　4．オーバー　5．イメージ
6．オリジナル

☐5～☐8
1．ケース　2．カバー　3．カバー　4．ケース　5．スケール　6．サイド

☐9～☐13
1．タイミング　2．スムーズ　3．ダウン　4．ストップ　5．ゼロ
6．ダウン

☐14～☐18
1．トライ　2．チャンス　3．ダメージ　4．ニュアンス　5．パーフェクト

☐19～☐23
1．ベスト　2．フル　3．パターン　4．ブーム　5．フリー　6．フリー

☐24～☐28
1．メイン　2．モデル　3．メリット　4．モデル　5．ユニーク　6．モデル
7．ラスト

問題　ステップⅡ

1．オリジナル　2．アイディア　3．オーバー　4．カバー　5．ケース
6．カバー　7．オーバー　8．ケース　9．イメージ　10．サイド
11．オリジナル　12．ニュアンス　13．タイミング　14．チャンス　15．ゼロ
16．パーフェクト　17．スケール　18．スムーズ　19．トライ　20．ダウン
21．ストップ　22．ダメージ　23．ダウン　24．ユニーク　25．モデル
26．パターン　27．フリー　28．ラスト　29．メリット　30．ベスト　31．メイン
32．モデル　33．フル　34．ブーム　35．モデル　36．フリー

23課　まとめ問題A

1．ダメージ　2．タイミング　3．ストップ　4．アイディア　5．パターン
6．オーバー　7．イメージ　8．カバー　9．スケール　10．チャンス
11．スムーズ　12．モデル　13．ベスト　14．ケース

23課　まとめ問題 B

1. a　モデル　　b　メイン　　c　ブーム　　d　トライ　　e　ユニーク
   f　アイディア
2. a　スムーズ　　b　カバー　　c　メリット　　d　オーバー　　e　チャンス
   f　ダウン

総合問題

Ⅰ
1. アドバイス　　2. コンセプト　　3. ストック　　4. ケース　　5. アクセス
6. グローバル　　7. リード　　8. ステップ　　9. リラックス　　10. リアル
11. クレーム

Ⅱ
1. コンディション　　2. ターゲット　　3. タイミング　　4. サービス
5. コミュニケーション　　6. システム　　7. サイバー　　8. シナリオ　　9. キャッチ
10. ウェート　　11. スタート

Ⅲ
1. ダウン　　2. ネットワーク　　3. スポンサー　　4. センス　　5. ノウハウ
6. ニーズ　　7. パワー　　8. マーク　　9. コントロール　　10. ピーク
11. ディスカッション

Ⅳ
1. バランス　　2. ビジョン　　3. マネジメント　　4. リサイクル　　5. キャンセル
6. ボリューム　　7. サポート　　8. レベル　　9. ショック　　10. ヒント
11. スペース

Ⅴ
1. トラブル　　2. メディア　　3. プレッシャー　　4. アップ　　5. バリアフリー
6. テクニック　　7. リハビリ　　8. モラル　　9. ベスト　　10. ペース
11. バックアップ